**SDIC** 中投咨询

**咨询文库**

# 高质量发展中的
# 集团管控

国│投│实│践

中投咨询有限公司◎编著

中国人民大学出版社
·北京·

图书在版编目（CIP）数据

高质量发展中的集团管控：国投实践/中投咨询有限公司编著 .—北京：中国人民大学出版社，2019.9
　　ISBN 978-7-300-27413-3

　　Ⅰ.①高… Ⅱ.①中… Ⅲ.①国有企业-企业集团-投资公司-企业管理-研究-中国 Ⅳ.①F832.39

中国版本图书馆CIP数据核字（2019）第201389号

**高质量发展中的集团管控**
国投实践
中投咨询有限公司　编著
Gaozhiliang Fazhan zhong de Jituan Guankong

| 出版发行 | 中国人民大学出版社 | | |
|---|---|---|---|
| 社　　址 | 北京中关村大街31号 | 邮政编码 | 100080 |
| 电　　话 | 010-62511242（总编室） | | 010-62511770（质管部） |
| | 010-82501766（邮购部） | | 010-62514148（门市部） |
| | 010-62515195（发行公司） | | 010-62515275（盗版举报） |
| 网　　址 | http://www.crup.com.cn | | |
| 经　　销 | 新华书店 | | |
| 印　　刷 | 北京联兴盛业印刷股份有限公司 | | |
| 规　　格 | 170 mm×240 mm　16开本 | 版　次 | 2019年9月第1版 |
| 印　　张 | 14.25　插页2 | 印　次 | 2019年9月第1次印刷 |
| 字　　数 | 137 000 | 定　价 | 58.00元 |

版权所有　　侵权必究　　印装差错　　负责调换

# 本书编委会

主　　任：封　明
委　　员：周立成　徐小平　任明春　王立群
　　　　　王明凯　郭冬莉　李　韬　王志江
　　　　　王婵龙　俞林保　王　岗
执行主编：王婵龙

# 序　言

　　改革开放40多年来，我国经济社会发展取得了举世瞩目的辉煌成就，为迈向高质量发展奠定了坚实基础。40多年改革发展历程中，国企始终占据着重要位置，发挥着关键作用。作为改革的产物，国家开发投资集团有限公司（以下简称"国投"）始终在服务国家战略、推动国企改革等方面发挥着引领与带动作用。国投的历史就是一部改革、探索、创新的历史。

　　1988年，为推进政企分开，国家组建了能源、交通、原材料等六大专业投资公司。1994年，国家进行第二轮投融资体制改革，撤销六大专业投资公司。1995年5月5日，国家开发投资公司成立并承接六大专业投资公司的股权投资。自此，国投开始了24年的国有投资控股公司探索之路。公司成立之初，面对资产"多、小、散、差"、账面净亏损的困境，国投人通过加强管理、有序进退，用8年时间实现了第一次飞跃。2003年起，国投开始了进一步调整结构、突出主业、规范管理、快速发展的二次创业。到2012年二次创业结束时，国投从拾遗补缺的"替补角色"，走上了国民经济主战场，成为实施国家战略的先行军。党的十八大以来，国投开始了迈向高质量发展的第三次转型。2014年，国投成为首批国有资本投资公司改革试点单位，探索形成的"四试一加强""小总部、大产业"等改革经验和做法，更是为以管资本为主的新一轮国有资本监管体制改革提供了重要参考，国投被称为"国有投资行业的排头兵"，成功开启了建设世界一流资本投资公司的新征程。党的十九大之后，国投明确了"为美好生活补短板、为新兴产业作导向"的战略定位，重新梳理、优化调整公司业务结构，推动主要业务向关系国民经济命脉和民生的领域集中，大力推进基础产业转型升级，加快培育战略性新兴产业，成为国家产业结构调整"灵活有力的看得见的手"。近年来，国投新增投资主要集中在水电、风电、光伏发电等清洁能源，以及先进制造业、智能科技、生物能源、养老等前瞻性战略性产业和股权投资基金等符合国家及自身战略方向的领域。截至2018年年底，国投前瞻性战略性产业、金融及服务业资产占比首次超过基础产业，国投已经从一个以传统基础产业为主的投资公司，转变成兼具前瞻性战略性产业、金融及服务业和国际业务的投资公司，实现了成功转型。二次创业至今，国投资产规模增长了近7倍，利润总额增长了21倍多，年均增长超过20%，连续15年获得国务院国资委年度经营业绩考核A级，连续5个任期获得"业绩优秀企业"称号，是为数不多的连续考核15A央企之一。

国投的发展靠的是超前的战略和有效的管控。战略方面，国投坚持服务国家战略，不断深化改革、创新发展，优化资产结构，在国民经济发展中发挥了投资导向、结构调整和资本经营的独特作用。管控方面，国投以保障战略实施为目的，建立了管控适度、责权明确、风险可控、自主高效的动态集团管控体系。从组建初期的"以管项目为主"的母子公司管控体系，到二次创业期的"集团化、专业化、差异化"管控体系，再到转型发展期的"小总部、大产业、分类授权与大监督"管控体系，国投一直在改革、探索、创新，形成了适合投资控股公司不同阶段、不同战略的科学适用的集团管控体系。

作为中国投资协会国有投资公司专业委员会会长单位，国投与国投委广大会员企业一起，在探索、创新、凝聚、共赢中共同走过了24年辉煌历程。在这24年中，国投把自己的成功经验和体会毫无保留地传授给了会员企业，也见证和吸收了会员企业的困难经历和成功经验，这是一个相辅相成的过程，我们大家在相互交流借鉴和相互帮助支持中共同成长。为便于分享经验，国投集团下属的专业咨询机构——中投咨询特意编写了此书，希望大家能有所获、有所用，并进一步丰富发展国有投资公司的管控模式。

习总书记讲，要实现中华民族伟大复兴的中国梦。国投梦，国企梦，每一个你我的梦，都是中国梦的一部分。只有当我们所有的梦都能实现时，中国梦才能实现。新时代，改革创新永不止步！让我们不忘初心，不辱使命。

国家开发投资集团有限公司原董事长

2019年9月

# 目  录

**第一章　转型的国投与动态的集团管控　001**
　第一节　战略超前，为国而投　003
　　一、二次创业（2003—2012年）　003
　　二、转型发展（2013—2022年）　014
　第二节　管控有效，顺势而为　020
　　一、初期：项目经理责任制　022
　　二、成熟期：集团化、专业化、差异化　025
　　三、转型发展期：小总部、大产业　028

**第二章　集团管控模式　032**
　第一节　管控模式的类型　032
　　一、单一管控模式　033
　　二、混合管控模式　039
　第二节　管控模式的选择　040
　　一、管控模式的选择"三问"　040
　　二、管控模式选择的影响因素　041
　第三节　国投的差异化管理　044
　　一、国投的多元化业务架构　044
　　二、国投的差异化管理　046

## 第三章　集团管控架构与功能定位　　048

### 第一节　管控架构设计　　048
一、母公司—子公司　　049
二、母公司—事业部—投资企业　　049
三、母公司—子公司—投资企业　　050

### 第二节　功能定位　　052
一、构建价值型集团总部　　052
二、集团总部职能体系　　054

### 第三节　国投的集团化与专业化管理　　056
一、国投的三级管控架构　　057
二、国投的集团化与专业化　　057
三、国投的"小总部"改革　　060

## 第四章　集团下属公司法人治理　　063

### 第一节　公司治理结构　　063
一、完善母、子公司治理结构　　064
二、集团公司与一般公司治理的异同　　072

### 第二节　法人治理与党组织的有机结合　　073
一、党的领导保证了国有企业正确发展方向　　074
二、"党企合一"治理模式　　075
三、党的工作与企业的生产经营有机融合　　076

### 第三节　集团外派董事管理　　077
一、如何派出董事　　078

二、派出董事的任用方式和职责　　078

　第四节　国投专职股权董事管理　　079

　　一、国投股权董事改革　　080

　　二、国投股权董事管理制度　　081

　　三、国投股权董事评价　　081

## 第五章　集团责权划分　　083

　第一节　责权划分的理论基础：委托—代理　　084

　　一、法人内部责权划分　　084

　　二、母子公司法人边界与"再授权"　　087

　第二节　集团责权体系与监控　　090

　　一、职责体系划分　　090

　　二、权限体系划分　　092

　　三、集团公司"再授权"规范管理　　094

　　四、再授权体系下的控制路径　　096

　第三节　国投的分类授权与大监督体系　　101

　　一、国投的分类授权　　101

　　二、国投的大监督体系　　105

## 第六章　集团核心管理流程　　108

　第一节　核心管理流程概述　　109

　　一、定义　　109

　　二、作用　　110

　第二节　核心管理流程设计　　111

一、核心管理流程设计的关键原则　　111
　　二、核心管理流程设计的方法　　112
　　三、核心管理流程设计的步骤　　114
　　四、五大核心管理事项　　116
第三节　国投的流程管理体系　　127
　　一、流程管理体系概述　　127
　　二、制度示例与关键流程图　　129

# 第七章　集团下属公司业绩评价　　135

第一节　业绩评价方法与管理流程　　135
　　一、业绩评价方法　　135
　　二、业绩管理流程　　140
第二节　国投下属公司业绩评价　　142
　　一、下属公司考核　　142
　　二、控股投资企业负责人业绩考核　　145

# 第八章　集团党建　　147

第一节　总体要求　　147
　　一、企业党建　　147
　　二、国有企业党建　　149
　　三、中央企业党建　　152
第二节　加强党建　　153
　　一、党组织在公司法人治理结构中的法定地位　　153
　　二、党管干部和职业经理人选拔　　155

三、混合所有制改革与党建　　156

第三节　国投卓越党建　　160

　　一、国投对党建的认识　　161

　　二、国投卓越党建管理　　163

　　三、国投卓越党建管理的创新举措　　173

附录一　中共中央、国务院关于深化国有企业改革的
　　　　指导意见　　184

附录二　国务院关于推进国有资本投资、运营公司
　　　　改革试点的实施意见　　203

# 第一章　转型的国投与动态的集团管控

1988年，国家进行投融资体制改革，组建能源、交通、原材料、机电轻纺、农业和林业六大专业投资公司，开始在国民经济基本建设投资领域探索从计划向市场方式的转变。1994年，国家进行第二轮投融资体制改革，六大专业投资公司全部撤销。1995年5月5日，国家成立国家开发投资公司（以下简称"国投"），承接六大专业投资公司的股权投资。作为当时中央企业中唯一一家投资控股公司，国投面临内无模式可循、外无样本可学的困境，开始了国有投资控股公司的探索之路。

20多年来，改革创新始终是国投发展的主题，国投的历史就是改革的历史、创新的历史。"为国而投的战略超前、顺势而为的管控有效"实现了国投的高质量发展。

如图1-1所示，2003—2017年，国投资产总额、营业收入、利润总额、纳税总额复合增长率分别达到14%、16%、20%、13%。国投净资产收益率一直保持在8%~10%，不仅在央企，即使在全国所有企业中也不多见。如图1-2所示，国投连续15年获国务院国资委经营业绩考核A级，成为获此殊荣的8家央企之一，且连续5个任期获"业绩优秀企业"称号。

单位：亿元

2003—2017年

资产总额 复合增长率 768 → 4 936 14%

营业收入 复合增长率 106 → 894 16%

利润总额 复合增长率 15 → 182 20%

纳税总额 复合增长率 20 → 111 13%

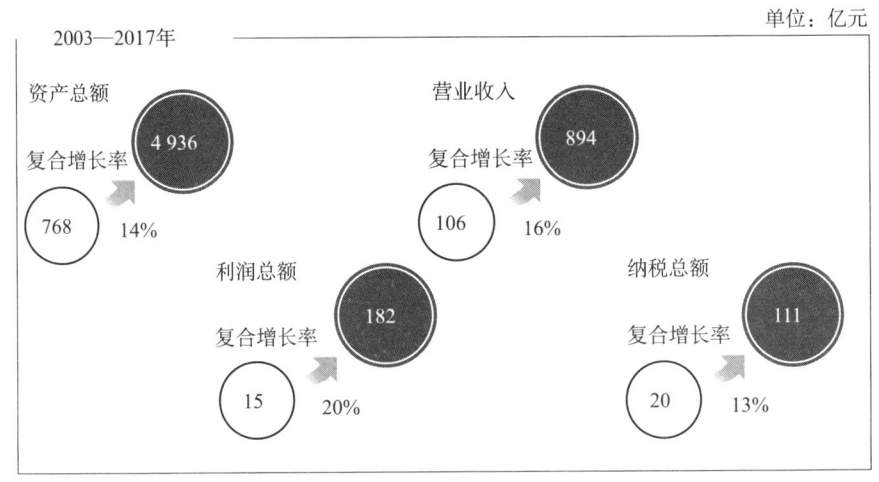

图1-1 国投2003—2017年发展数据

|  |  |
|---|---|
| 2003 | 二次创业开局四位一体业务 |
| 2004 | 加快业务布局确立三为宗旨 |
| 2005 | 狠抓项目落实资产经营试点 |
| 2006 | 资产突破千亿迈入第一方阵 |
| 2007 | 搭建三足鼎立提出五大战略 |
| 2008 | 完善产业链提升价值链 |
| 2009 | 梳理发展思路应对金融危机 |
| 2010 | 调结构调节奏强管理强效益 |
| 2011 | 落实六个转变转变发展方式 |
| 2012 | 加快六个转变深化两调两强 |
| 2013 | 科学发展再创辉煌 |
| 2014 | 改革转型激发活力 |
| 2015 | 转型升级创新发展 |
| 2016 | 转型创新深化改革 |
| 2017 | 稳中求进巩固提高 |
| 2018 | 稳中求进转型创新巩固提高 |

连续15年荣获国资委经营业绩考核A级

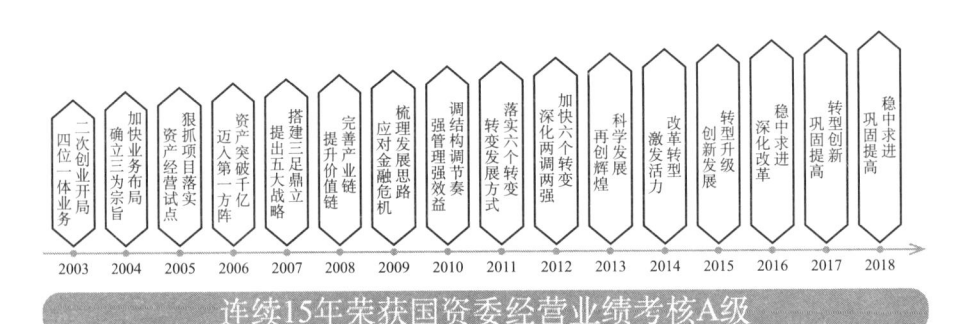

图1-2 国投2003—2018年发展历程

002　高质量发展中的集团管控

## 第一节　战略超前，为国而投

### 一、二次创业（2003—2012 年）

国投成立之初，承接的资产"多、小、散、差"，总资产不到 80 亿元，不良资产占 1/3，账面净亏损。经过 8 年"一次创业"，国投通过收缩战线、加强管理实现了第一次飞跃。2003年，以王文泽为班长的国投第一任领导班子交棒时，资产规模已经达到 733 亿元，利润达到 8.5 亿元。

2003 年，以王会生为班长的国投第二任领导班子开启了"二次创业"。国投"二次创业"（2003—2012 年）是公司发展史上的重要里程碑。2003 年以来，公司深入贯彻落实可持续发展观，解放思想，创新发展，稳健经营，紧抓重要发展机遇，奋力推进建设"百年老店"伟大事业，为未来发展奠定坚实基础。

国投制定了二次创业的第一个五年发展规划和十年设想，提出了"五年内成为国内一流的国家投资控股公司，十年内成为世界一流的投资控股公司"的战略目标。作为中国投资协会国有投资公司专业委员会会长单位的国投，在实现自身快速发展的同时，始终致力于营造适合投资行业发展的外部环境，并不断引领国有投资公司踏上科学、健康、稳健发展之路。

## (一) 战略演进

### 1. 第一个五年发展规划（2003—2007年）

(1) 战略背景

经过一次创业，国投已拥有一批可培育为一流企业的投资项目，在重点业务领域也具备做大做强的基本条件。二次创业伊始，国投自觉将企业战略与国家战略相结合，超前布局，细化战略实施，以战略统领业务发展。

从内部经营环境来看，2003年国投管理的800多个项目中，2002年分红100万元以上的仅有58个。这就要求国投公司必须以新的发展思路解决一次创业中遗留的发展难题。从外部监管环境来看，自2003年以来，国务院国资委开始了一系列中央企业重组，着重强调中央企业要积极发展关系国民经济命脉和产业安全的行业，以及基础性、资源性产业。服务国家战略的使命和责任要求国投公司必须加快发展。

基于内外部环境综合考虑，以王会生为首的国投领导班子提出了二次创业的战略设想。

(2) 一流战略

国投在第一个五年发展规划（2003—2007年）中提出努力发展成为"国内一流的国家投资控股公司"的战略目标，具体包含六大战略要点。

一是坚持基础性、资源性产业的投资方向，坚持投资业务的"有限、相关、多元"，体现大型国有投资公司的大局观，把基础性资源富集地区作为公司发展的重要区域。

二是充分利用资本市场的各种有利条件，拓宽融资渠道，做大资产规模，提高资产质量，维持财务安全，保持利润平稳增长。

三是在"四位一体"的业务框架内，以产业链为发展导向，整合和拓展公司业务。重点投资电力、煤炭、港口、化肥行业，发挥公司在金融、资产管理、咨询服务上的优势，完善投资控股公司的功能，增强公司整体的协同效应。

四是从增量和存量两个方面，积极调整资产结构，加快退出对公司战略、规模以及效益没有贡献的项目。

五是提升管理水平，创建一流管理团队，以人为本，挖掘和培育公司急需的核心人力资源。不断强化提升公司品牌，形成以"诚信、共赢"为核心的企业文化。

六是高度重视安全生产，从制度、组织、资金、技术、考核等方面多管齐下，切实保障生命财产的安全，各项安全生产指标达到业内一流水平。

（3）"四位一体"的业务框架

在确立战略目标的同时，国投提出搭建实业投资、金融业务、资产管理、咨询"四位一体"的业务框架（如图1-3所示）。

- 实业投资

要立足公司现有资源（电力、煤炭、港航、化肥、汽零和创投项目）狠抓各个项目的落实，原则上不再铺新摊子。

- 金融业务

抓紧制定符合公司实际的金融业务发展规划，搭建金融控股

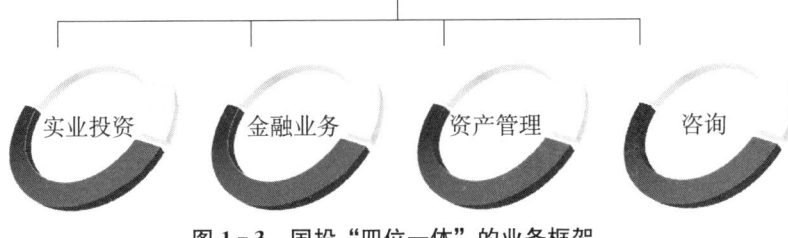

图 1-3 国投"四位一体"的业务框架

架构,提供金融服务,增加投资回报。

- 资产管理

积极探索走向社会、走向市场的运作模式,大力拓宽不良资产处置渠道;稳妥推进托管工作,在实践中总结经验;积极承担国资委对中央企业调整重组工作中的股权管理业务。

- 咨询

立足投资咨询、工程咨询,拓展工程监理、管理咨询,为客户提供高质量的服务,打造良好品牌。

在当时的历史条件下,国投明确了公司区别于其他央企的战略定位和发展方向,对推进二次创业发挥了重要作用,为公司发展奠定了基础。经过 4 年的艰苦努力,国投提前完成了第一个五年发展规划提出的各项任务。

## 2. 第二个五年发展规划(2008—2012 年)

(1) 战略背景

第二个五年发展规划初期,在市场激烈竞争、国资委推进央企重组及公司各项业务发展不均衡的复杂环境下,国投及时对第一个五年发展规划进行优化调整，提出实施一流战略、协同战略、区域战略、节能环保新能源战略和"走出去"战略这五大战略，充分发挥公司在国有资产布局和结构调整中的作用，承担起国资委赋予的国有资产经营平台的任务，为打造具有国际竞争力的世界一流的投资控股公司夯实基础。

（2）从"六大战略"到"六个转变"

2010年，公司的战略核心由"五大战略"扩展为一流战略、协同战略、区域战略、节能环保新能源战略、"走出去"战略和人才强企战略"六大战略"，并将节能环保新能源战略和"走出去"战略确定为公司此后一段时期的两条发展主线，力求尽快取得突破。

2011年，公司提出以"调结构，调节奏；强管理，强效益"为统领，加快转变发展方式，推进实施六个转变：由国内发展向立足国内、开拓国外资源和市场转变，由主要投资传统产业向传统产业优化与新兴业务开发协调发展转变，由主要在西部地区发展向东、中、西部均衡发展转变，由主要生产普通产品向投资、生产国家急需紧缺的独特产品转变，由立足主业范围发展向主动解决地方重大关键需求转变，由主要依靠资产经营向资产经营与资本经营相结合转变（如图1-4所示）。

"六个转变"的提出，是国投不断找差距，不断创新发展的结果。"六个转变"进一步明确了公司未来业务发展方向，细化了战略发展思路，既是加快转变发展方式，应对复杂多变的国际国内经济形势的战略举措，也是在激烈市场竞争中捕捉投资机会，占领生存和发展空间的必然选择。通过推进"六个转变"，

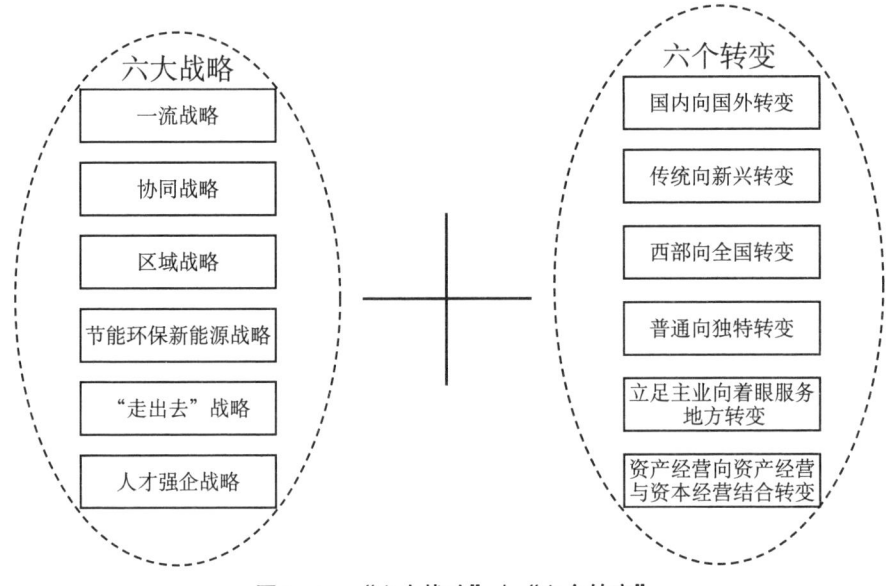

```
        六大战略                    六个转变
     ┌──────────┐              ┌──────────┐
     │  一流战略  │              │国内向国外转变│
     └──────────┘              └──────────┘
     ┌──────────┐              ┌──────────┐
     │  协同战略  │              │传统向新兴转变│
     └──────────┘              └──────────┘
     ┌──────────┐    +         ┌──────────┐
     │  区域战略  │              │西部向全国转变│
     └──────────┘              └──────────┘
   ┌──────────────┐            ┌──────────┐
   │节能环保新能源战略│            │普通向独特转变│
   └──────────────┘            └──────────┘
    ┌────────────┐          ┌──────────────┐
    │ "走出去"战略 │          │立足主业向着眼服务│
    └────────────┘          │   地方转变    │
    ┌────────────┐          └──────────────┘
    │ 人才强企战略 │          ┌──────────────┐
    └────────────┘          │资产经营向资产经营│
                            │与资本经营结合转变│
                            └──────────────┘
```

图 1-4 "六大战略"+"六个转变"

国投立足长远，大胆探索，创新发展，明确了公司转型升级战略的总体目标和途径，切实促进公司转变发展方式，拓展发展空间，打造基业长青的基石，逐步构建国内实业、金融服务业、国际业务的"新三足鼎立"业务框架，为打造具有国际竞争力的世界一流的投资控股公司夯实基础，实现可持续发展。

（3）从"三足鼎立"到"新三足鼎立"的业务框架

国投在发展中始终坚持以国家产业政策和市场为导向，以全面、协调、可持续发展为核心，以产业结构调整为重点，以提高企业的综合竞争能力为目标，确立公司的业务框架和投资组合，将发展方向选择为关系国民经济命脉的行业及基础性、资源型产业。

国投业务架构由第一个五年发展规划期间的"四位一体"逐步向实业、金融服务业、国有资产经营"三足鼎立"的业务框架发展，更加注重发展质量及其在国有资产布局和结构调整中的作用与影响。随着资产经营业务取得阶段性成果，公司进一步转型升级、调整结构、突出主营业务和规范管理，产业结构由实业、金融服务、国有资产经营"三足鼎立"，逐步向国内实业、金融服务业、国际业务"新三足鼎立"的业务框架转变（如图1-5所示）。

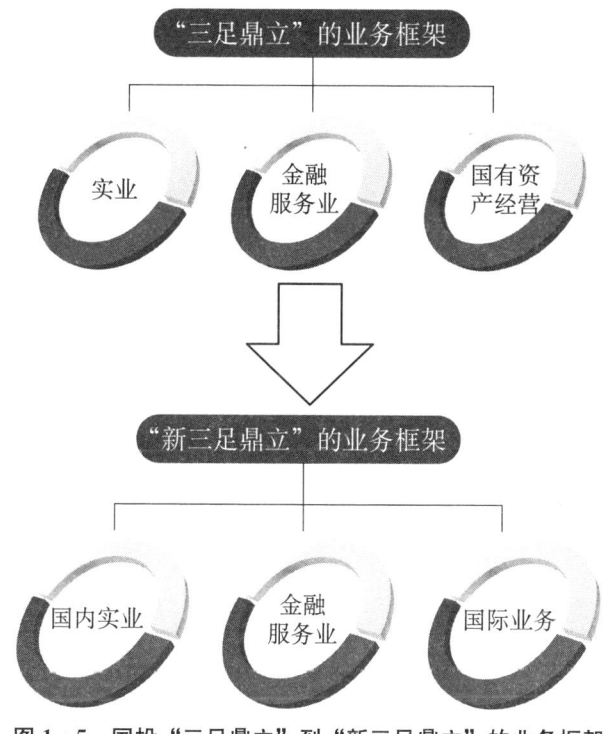

图1-5　国投"三足鼎立"到"新三足鼎立"的业务框架

## （二）战略实施

### 1. 雅砻江流域梯级水电开发：打造流域清洁能源基地

随着经济的不断发展，城镇化和工业化进程的加快，中国的大小江河相继步入了"资源开发的高峰期"，水资源开发利用与生态环境保护之间的矛盾日益突出，中国的流域管理正面临着前所未有的挑战。为确保国家的长远利益和水电开发的科学有序，保护流域周边的生态环境和生物多样性，最大限度地减少对自然的影响，真正实现人与自然的和谐相处，2003年10月，在国投积极争取下，国家发改委正式授权由国投控股的二滩水电开发有限责任公司"负责实施雅砻江水能资源的开发"，"全面负责雅砻江全流域梯级水电站的建设与管理"。2012年，二滩水电开发有限责任公司更名为雅砻江流域水电开发有限公司（以下简称"雅砻江水电"），注册资本金161亿元，国投出资占52%。

国投雅砻江梯级水电站

国投规划在雅砻江流域建设22座水电站，总投资近4 000亿元，建成后总装机容量将达3 000万千瓦。目前，雅砻江水电总发电装机规模已达1 470万千瓦，电站所提供的优质、清洁电能正源源不断地输送到全国各地。水电站的建成和运转，是对国家最大的环保贡献。据初步测算，雅砻江全年的发电可节约原煤消耗约6 800万吨，相当于每年减少二氧化碳排放约1亿吨、二氧化硫排放100万吨、粉尘排放622万吨、废渣排放1 755万吨。

雅砻江水电不仅在工程设计、技术装备等方面创造了多项全国乃至世界纪录，而且在保护库区周边自然环境方面也取得了显著成绩。在各梯级电站的建设中，环保先行，环保设施建设都被纳入了前期准备工程中，可谓"开发到哪里，绿化到哪里"。公司前瞻性地做好雅砻江流域水电开发科学规划和生态保护全流域规划，在流域开发的时序、工程规模的确定、枢纽方案选择、施工及建设工期安排等方面，不断完善项目环境保护的各项制度，建立健全环境友好的评价指标体系，尽量避免单项目环境保护的分割性和片面性。公司在环境保护方面所做出的不懈努力正在取得回报。2006年，二滩水电站获得了建设项目环境保护的最高奖项——"国家环境友好工程奖"。

此外，雅砻江水电积极支持国家基础科学研究，与清华大学等单位共同建设了世界"最深、最净"的暗物质实验室——中国锦屏地下实验室，该实验室于2010年12月投入使用。

## 2. 国投北疆发电厂：首批循环经济及海水淡化试点

2004年3月，国家开发投资公司与天津市政府签订合作协议，成立天津国投津能发电有限公司，开发建设国投北疆发电厂循环经济项目，探索能源工业新型发展道路。2005年，经国务院批准，国投北疆发电厂成为国家首批循环经济试点单位，也是国家发改委确定的国内首批海水淡化产业发展试点单位。

国投北疆发电厂采用"发电—海水淡化—浓盐水制盐—土地节约整理—废物资源化再利用"循环经济项目模式，符合"高效率，低消耗，低排放"的要求，是典型的循环经济项目、高效节

**国投北疆发电厂**

能减排项目和生态环保工程，实现了能量的梯级利用和全面的零排放，实现了企业、社会与环境的和谐发展，是一个资源利用最大化、废弃物排放最小化、经济效益最优化、符合科学发展和节能减排要求的循环经济示范项目和资源节约型、环境友好型项目。项目可为天津市及滨海新区的经济社会发展提供电力、热力、淡水、土地、盐化产品、建材能源支持，是促进天津市、滨海新区又好又快发展的系统工程。

### 3. 国投罗钾：保障农业生产与粮食安全，有效降低我国钾肥对外依存度

我国是钾肥消费大国，但钾矿资源却严重匮乏，钾肥供需矛盾十分突出。十多年前，我国70%以上的钾肥靠进口。由于国际钾肥巨头垄断，我国没有钾肥定价话语权，钾肥进口长期受制于人，给我国农业生产和建设带来不利因素。为保障农业生产和粮食安全，国投以中央企业高度的历史责任感和社会责任感进行整体战略布局。2004年，国投罗钾成为国投集团控股企业，自此，国投真正进入了关系国计民生的化肥领域，为进一步开发钾

肥资源赢得了主动权。

国投罗钾

国投罗钾是世界最大的单体硫酸钾生产企业,以开发罗布泊天然卤水资源制取硫酸钾为主业,建有年产160万吨硫酸钾生产装置及年产10万吨硫酸钾镁肥生产装置。截至2018年11月,国投罗钾累计生产销售硫酸钾超过1 360万吨,中国钾肥自给率从十多年前的30%提高到60%。国投罗钾人在"死亡之海"创造人间奇迹,为我国的农业生产做出了不朽的贡献。

如今,罗布泊钾盐开发已成为新疆地方经济发展的重要支柱之一,成功实现了将资源优势转变为经济优势,成为落实国家"西部大开发"战略、实现新疆跨越式发展的典范,为维护新疆社会稳定及长治久安做出了重要贡献。

## 二、转型发展（2013—2022年）

### （一）战略背景

2013年11月，党的十八届三中全会通过了《中共中央关于全面深化改革若干重大问题的决定》，明确要求"完善国有资产管理体制，以管资本为主加强国有资产监管，改革国有资本授权经营体制，组建若干国有资本运营公司，支持有条件的国有企业改组为国有资本投资公司"，提出"以规范经营决策、资产保值增值、公平参与竞争、提高企业效率、增强企业活力、承担社会责任为重点，进一步深化国有企业改革"。2014年7月，为深入贯彻落实十八届三中全会精神，推动国资国企改革，国资委在中央企业启动"四项改革"试点，国家开发投资公司成为首批国有资本投资公司试点单位之一。

在这一背景下，国有投资公司迎来了全面深化改革的新阶段。2013年至2022年，是国投确立的转型发展阶段，也是公司第三次大的产业转型阶段，旨在降低煤、电、港、化肥等传统产业、过剩产业在产业结构中的比重，提高前瞻性战略性产业的比重。

### （二）四大战略业务单元

国投重新梳理、优化调整公司业务结构，推动主要业务向关系国民经济命脉和民生的领域（以下简称"命脉"与"民生"领域）集中。当前国投有四大战略业务单元：一是继续优化的基础产业；二是加速发展的前瞻性战略性产业；三是服务实体经济的金融及服务业；四是积极推进的国际业务（如图1-6所示）。近年来，国投新增投资主要集中在水电、新能源等清洁能源，以及养老、生物能源、智能科技等前瞻性战略性产业和股权投资基金等符合国家及自身战略方向的领域。其中，清洁能源占比16%，前瞻性战略性产业占比21%，金融及服务业占比24%。

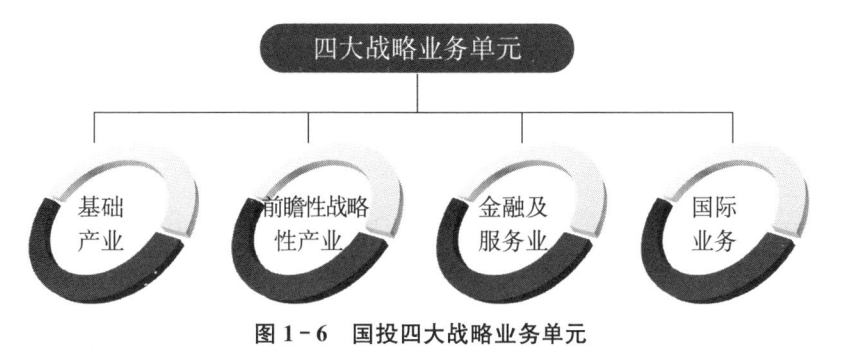

图1-6 国投四大战略业务单元

基础产业的发展重点是以清洁能源为主的能源产业，以路、港为主的交通产业，以及战略性稀缺性矿产资源开发业务。国投发挥"灵活的双手"作用，在供给侧结构性改革中积极发挥央企的骨干和带动作用，坚持结构调整、为国而投、该退则退。

2014年，国投将航运板块资产整体划转至中海集团。2016年，国投将原支柱产业煤炭板块无偿划转给中煤集团，成为第一家从煤炭业务整体退出的中央企业，移交涉及员工近4万人、资产500多亿元、煤炭产能约3 500万吨。

前瞻性战略性产业主要通过基金投资与控股投资融合联动，重点发展健康养老、生物乙醇、城市环保、检验检测、先进制造业等产业，加强对战略性核心业务控股投资，培育发展一批能够发挥示范引领作用的骨干项目。

金融及服务业重点发展银行、证券、信托、保险、担保、期货、财务公司、融资租赁等金融业务（如图1-7所示），开展工程设计、资产管理、咨询、物业等其他业务。2013年，国投以近95亿元收购安信证券57.254%的股份，成为安信证券控股股东。收购安信证券后，国投基本完成了除银行金融机构外的金融板块全牌照战略布局，对于适时调整金融业务战略布局、整合资源、壮大金融板块实力，更好地推动实业与金融服务业的产融结合，具有十分重要的意义。

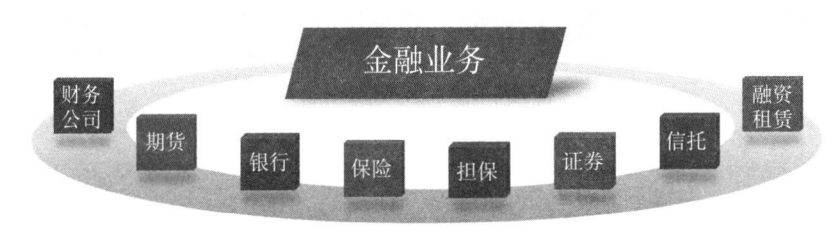

图1-7 国投金融业务板块

国际业务重点开展境外直接投资、国际工程承包、国际贸易等业务。境外直接投资围绕海外资源开发及基础设施建设展开，国际工程承包、国际贸易等业务通过下属控股企业中国成套设备进出口集团有限公司和中国国投国际贸易有限公司搭建国际合作与贸易平台。

## （三）战略实施

### 1. 基金投资：带动战略性新兴产业发展，服务脱贫攻坚

2009年，在国有企业还很少触及基金投资这一新生事物时，

国投出资3亿元成立国投创新投资管理有限公司，试水私募股权基金。国投以国投高新为平台，先后布局了国投创新、国投创业、国投创益、国投创合、海峡汇富等五家不同定位的基金公司，涵盖私募股权投资（PE）、风险投资（VC）、母基金等不同投资环节，投资行业则包括先进制造、环保、大健康、信息技术等领域。截至2018年年底，国投旗下的基金规模接近1 600亿元，是管理国家级政府引导基金支数最多的央企。与传统投资方式相比，基金投资具有"混合的力量、合伙的魅力、共同的未来"这些特点，灵活性更强，辐射面也更大，不仅为国投的发展带来了全新动力，对国家也有着特殊意义。根据测算，国投管理的基金公司，每投资1元钱，就能带动社会资金近20元钱进入战略性新兴产业、民生等领域，为智能制造、信息产业等加速发展助力加油。

扶贫开发是全党全社会的共同责任，国投积极贯彻落实党中央、国务院决策部署，把扶贫重任扛在肩头。成立于2013年12月的国投创益，受托管理贫困地区产业发展基金和中央企业贫困地区产业投资基金，已完成投资140亿元，撬动社会资本1 500亿元进入贫困地区。截至2017年12月底，2支扶贫基金累计完成投资及立项项目97个。预计项目完全投产后可带动24万贫困人口直接或间接就业，年均为贫困人口提供收入15亿元，年均为地方政府创造税收13亿元。

**2. 健康养老：让国人更健康，让老人生活更美好**

随着我国人口老龄化的加快，失能失智高龄老人的照护成为突出的社会问题。据了解，我国失能、半失能老年人约 4 000 万人，占老年人口总数的 18%。平均 1 名失能、半失能老年人需要 3 名家庭成员照护。全国现有养老床位中对应失能失智老年人群的床位并不多，专业化的长期照护设施亟须补足。

2012 年，国投开始探索进入养老大健康产业。2016 年 11 月，以"让国人更健康，让老人生活更美好"为企业使命的国投健康产业投资有限公司（以下简称"国投健康"）应运而生。国投健康发力健康养老产业最难端，优先解决失能失智高龄老人照护问题。国投健康成立以来，积极探索发展健康养老、医疗服务、高端医疗设备、健康医疗大数据等健康产业，形成以养老产业为核心，上下游联动的大健康产业链。此外，国投健康通过创新运营模式、参与标准制定等手段探索适合中国国情的健康养老服务产业发展模式，逐步形成经营连锁化、布局网络化、服务标准化的综合健康服务体系，构建可推广、可复制的具有国投特色的健康养老综合解决方案。国投健康已在北京、上海、广州等一线城市，以及常州、厦门等经济发达城市成功布局健康养老项目。

### 3. 检验检测认证：助力国家高质量发展

检验检测认证行业是高技术生产性科技服务业的重要组成部分，服务于国民经济的每一个行业，关系千家万户，关系到每个家庭、每一个人，关系到美好生活的方方面面，关系到国家高质量发展目标的实现。放眼全球，欧美主要发达国家检验检测经过一百多年的发展，均已形成了较为规范的检验检测市场。相比之下，当前我国质量检验检测机构在技术创新实力、市场化服务意识、品牌公信力和国际化程度等方面均远远落后于欧美主要发达国家：一是行业集中度低，"多、小、散、弱"现象还比较明显；二是行业条块分割，行政色彩浓厚；三是国际化程度低，品牌竞争力弱。

从2015年开始，国投组织专门团队，系统性研究了党中央、国务院及相关部委关于推动检验检测认证行业改革和整合发展的各项要求，把握检验检测认证行业发展趋势，就"按照市场化原则，通过资本运作方式，积极参与质检系统股权多元化改革"的思路，向国务院、国资委以及行业主管部门进行了多次专题汇报，得到了各级领导的肯定和支持。

2017年9月中共中央、国务院印发了《关于开展质量提升行动的指导意见》，2018年1月国务院印发了《关于加强质量认证体系建设促进全面质量管理的意见》，要求加快推动检验检测认证机构与政府部门脱钩，明确支持培育发展检验检测认证服务业，大力推进机构市场化改革，鼓励社会力量积极参与行业整合。2018年，国家统计局将检验检测认证服务纳入《战略性新兴产业分类（2018）》。2018年1月，国投与国家质检总局就共同推动检验检测认证行业改革和整合发展签订了战略合作协议。2018年7月，国投成立了专门从事检验检测认证领域的投资平台公司——国投检验检测认证有限公司，按照中央的要求，通过市场的手段把检验检测认证体系整合起来，打造具备国际竞争力的检验检测认证行业一流民族名牌。目前，国投在天津、上海、山东等地与检验检测机构合作的工作取得了积极进展。

目前，国投已成功实现了第三次转型，传统产业占比已下降到50%以下。国投将在"为美好生活补短板，为新兴产业做导向"方面发挥越来越重要的作用，力求早日实现世界一流投资公司的奋斗目标，也为"两个一百年"目标的实现贡献国投力量。

## 第二节　管控有效，顺势而为

集团公司最大的优势体现为资源的聚集整合与信息共享，包括政府资源、人才资源、财务资源、品牌资源、信息资源等，以及通过上述资源优势复合而成的集团整体竞争优势。集团公司成功的保障在于建立起具有竞争优势的产业发展线与高效率的管理控制线。集团管控体系需承接集团战略，确保集团战略的贯彻实施，确保集团资产的保值增值，确保集团运营效率的提高，确保成员企业的协同发展。"管控适度、责权明确、风险可控、自主高效"的集团管控体系可在激发活力的同时有效防范风险。

协同效应是集团管控的目标，组织管控、职能管控、制度管控是集团管控的主要内容。管控模式、管控架构与总部组织设计、下属公司法人治理、母子公司管控事项与权限、核心管理与业务流程、子公司业绩考核等相互配合、有机协调的内在构成要素形成有机运行的集团管控体系，并随着环境条件的变化而不断更新调整。国投集团管控体系如图1-8所示，国投集团管控模型如图1-9所示。

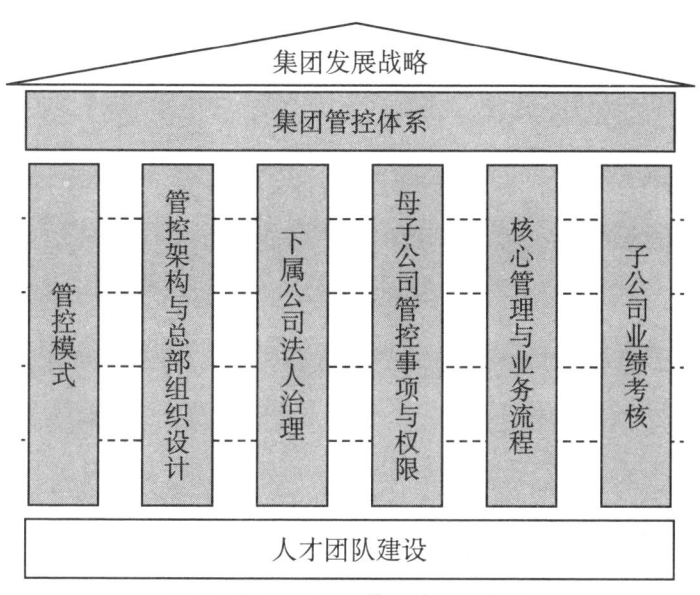

图1-8　国投集团管控体系示意图

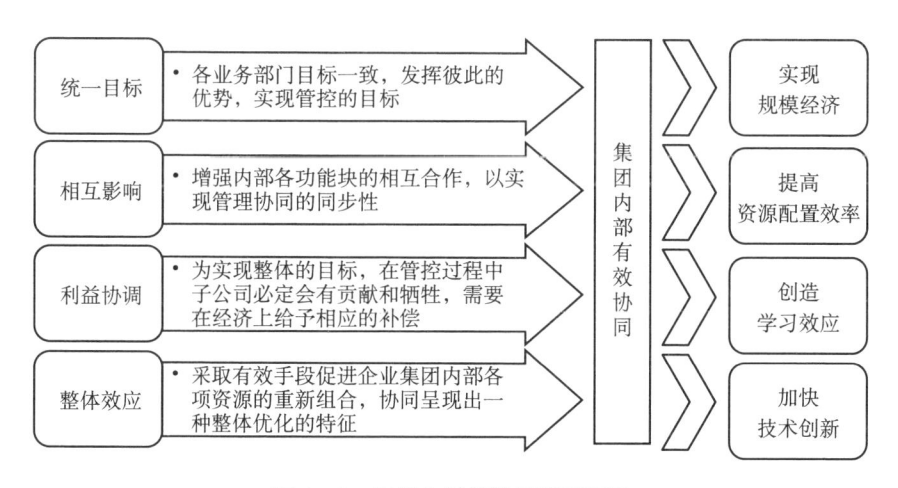

图1-9　国投集团管控模型示意图

## 一、初期：项目经理责任制

### （一）管理背景

公司一次创业时期，面对的是承接原国家六大专业投资公司划拨的540个"多、小、散、差"项目和复杂多样的经营模式。划拨的项目总体质量较差，资产结构不合理，既有正在建设过程中、还需大量后续资金投入的项目，也有已经资不抵债的企业及空壳项目；资产质量相对较好的项目仅占比18%，不良资产占比34%以上；属于已经破产或濒临破产、长期严重亏损并扭亏无望的项目的资产共计5.7亿元。

公司既要摸清家底、理顺关系、清理债权债务、收缩战线、重组资产、规范管理，又要确定产业发展重点，实现规范化、科学化与专业化集中经营管理，夯实公司生存之基。公司在这样复杂、艰难的背景下，在企业经营管理领域不断实践创新。公司成立之初，由各业务板块经营单位对投资项目进行管理，每个业务板块总部设置两类内设机构：职能部门和业务部门，业务部门在部门负责人统一带领下对部门所属项目进行管理，项目的经营管理责任主要落在业务部门负责人身上。实践证明，采用这种模式后，部分经营单位和投资项目出现了难以明确责任、追究责任的现象。

为了解决上述问题，公司探索建立经营目标管理岗位责任制和投资企业项目经理责任制。经过一次创业期间系列的改革发展，搭建起适合国有投资控股公司特点的母子公司三级管理的组织框架体系，配套了适应三级管理框架体系的业务管理机制和经营机制，完善了以经营为核心的责权管理制度。

## （二）项目经理责任制的内涵

项目经理责任制重点是建立以项目经理为核心的经营机制，强化对投资企业的管理，提高项目管理效率，将投资企业经营管理的责任落到项目经理岗位。项目经理责任制，主要以财务管理等方式对投资项目实施管理，项目经理、一般经理和项目经理助理一方面负责项目管理，开展项目股权债权的转让业务；另一方面，作为公司与投资企业之间的桥梁不断理顺股东与投资企业关系，指导各企业经营管理活动的开展，增强企业的市场竞争能力和盈利能力，全面提升企业价值。项目经理即为当时公司管理大背景下的股权代表。图1-10所示为国投项目经理责任制结构示意图。

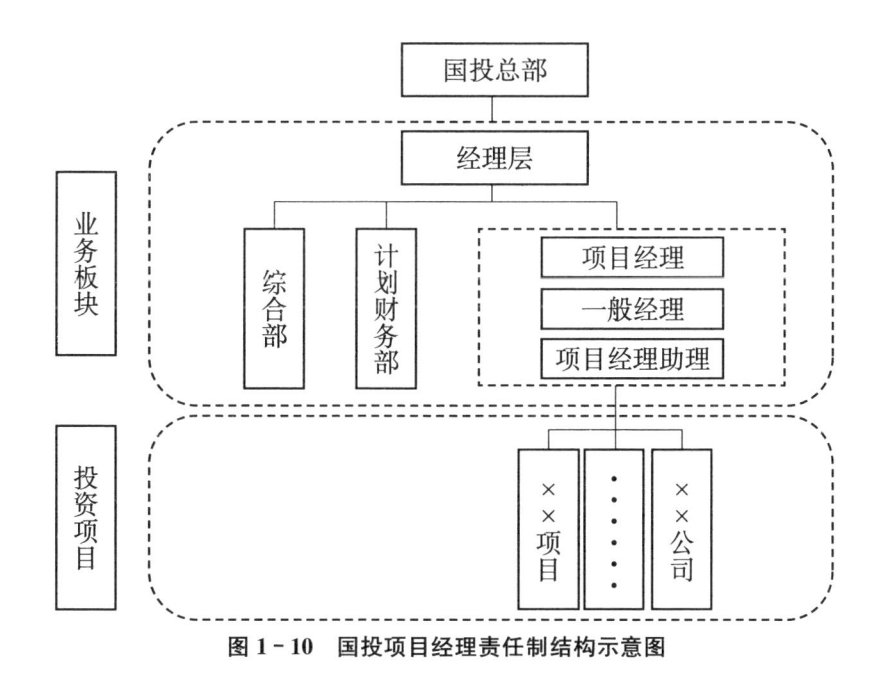

图1-10 国投项目经理责任制结构示意图

为了全面发挥项目经理责任制的管理效能，公司配套开展了子公司机构的系列改革。

1. 规范内部机构设置。子公司的机构设置原则上为三个，即一个综合部、一个计划财务部和一个项目管理部。

2. 合理设置工作岗位。合理设置工作岗位是切实强化管理的基础性工作，是配套改革中最困难、最关键的一项核心工作，也是公司自成立以来第一次在子公司中开展。岗位设置有三大原则：按照工作需要，工作职责清晰，工作量饱满。

3. 按岗位要求配备干部。各子公司在机构和岗位设置确定以后，严格按照岗位的要求选配工作人员，并及时将干部配备方案报总部备案。

4. 建立岗位责任制和考核奖惩制度。把建立以岗位责任制为核心的内部责任制体系，作为公司加强科学管理的首要工作。

5. 规范管理，推行项目经理制。为推行项目经理制，各子公司都出台了《项目管理人员管理暂行办法》，对所有合资、合作项目设项目经理进行管理，对项目经理的职责权限、任职条件、任职程序、待遇及行为规范做出明确规定。

公司通过总结经验和持续创新，搭建了投资控股公司的基本框架和运营模式，培育了市场化经营的管理理念，管理日益规范，资源配置效率不断优化。经过八年的一次创业，公司规模和利润实现了较快增长。资产规模从组建初期的70亿元，逐渐增加到2002年年底的733亿元；利润实现由组建初期亏损1 500万元到2002年盈利8.6亿元的历史性跨越。

## 二、成熟期：集团化、专业化、差异化

### （一）管理背景

二次创业之初，国投共有13家全资子公司和78家控股投资企业，涉及行业多，地域分布广，经营管理水平参差不齐，管理跨度与难度极高。随着公司的快速发展，公司管理体制的更新已经落后于业务的发展，总部、子公司、投资企业三个层级的职能定位不明晰，总部对子公司的管理缺乏差异化，各业务板块和板块内业务的协同性不强等新的矛盾和问题逐步显现。

为落实"振兴国投，加快发展"和创建一流投资控股公司的战略目标，国投以战略为导向，通过实践与创新的双向驱动，逐步探索出适合投资控股公司经营特点的新的管理模式，即"集团化、专业化、差异化"管理模式，保障公司获得持续的发展动力。

### （二）"集团化、专业化、差异化"的内涵

"集团化、专业化、差异化"管理模式即根据投资控股公司经营特点和管理需要，把集团管控体系分解为若干管理要素，确定不同的管理要素分别由总部、子公司和投资企业进行管理，在总部、子公司和投资企业三个层级之间建立起"分工合理、职责明确、相互配合、运行有序"的管理系统（如图1-11所示）。

图 1-11 国投"集团化、专业化、差异化"管理模式

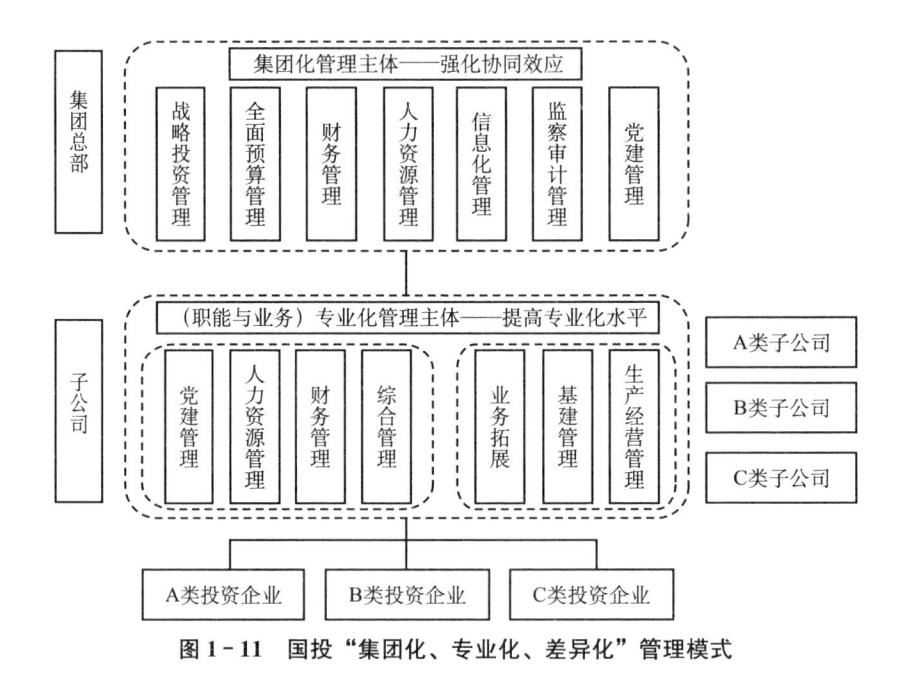

国投的集团化管理强调集团的整体利益和更好地发挥职能部门、业务板块之间的协同效应，有助于企业实现资源的优化配置。国投的集团化管理是以资本为纽带，在现代企业制度法人治理框架内，站在集团的高度，将控股投资的企业凝聚在国投集团的旗帜之下，对全集团的资源进行优化配置，实现集团整体利益最大化。通过实施集团化管理，公司的经营战略和管理意图得到贯彻执行，管理效率和管理效果进一步提高。

国投的专业化管理注重发挥各专业职能部门和业务单位的专长，使其更加专注地做好本职工作，提高业务水平，完成工作目标，创造卓越绩效。具体而言，国投的专业化管理包括两个方面，即职能专业化管理和控股子公司所属行业的专业化管理。一方面，总部各个职能部门对本部门负责的业务实行专业化管理，

按照行业或地区的专业化管理要求,制定各项业务的管理标准,为子公司和投资企业的专项经营管理活动提供专业化的指导和服务。另一方面,子公司被定位于实行专业化管理的责任中心,负责对投资企业实施专业化管理,寻找行业投资机会,推进业务不断发展。

国投的差异化管理是在集团化、专业化管理的前提下,充分考虑实业、金融和其他业务的不同特点和内在规律,以及各细分业务板块的行业差异和所处的不同发展阶段,提出不同的权责要求,实行非对称性或非统一标准的管理;在实行集团统一的基本管理制度的前提下,对市场化程度高、行业管理特点鲜明的业务板块实施差异化管理,尤其是在用人制度、业绩考核、激励机制等方面采取更加贴近市场化的方法和手段,促进各类资源、要素的优化配置。经过十多年的探索与实践,国投建立了组织健全、制度完善、流程清晰、责任明确、运转有序、具有投资控股公司特点的管理模式,助推国投步入发展的快车道。

公司始终致力于建立并完善现代企业制度,推进董事会试点改革,完善公司法人治理体系,基本建立组织健全、制度完善、流程清晰、运转有序、管控适度、责权明确、风险可控、自主高效的管控体系。公司第一个五年发展规划(2003—2007年)、第二个五年发展规划(2008—2012年)均提前完成,二次创业圆满收官。2002—2014年,集团总资产从733亿元增长到4 617亿元,增长约5倍;经营收入从98亿元增长到1 200亿元,增长约11倍;利润总额从8.6亿元增长到145亿元,增长约16倍。

## 三、转型发展期：小总部、大产业

### （一）管理背景

2014年12月16日，国资委对国投作为国有资本投资公司改革试点单位的方案进行了批复，要求国投服务国家战略，通过投资融资、产业整合、资本运作，在基础产业、前瞻性战略性产业形成较强的影响力和控制力，充分发挥国有资本的引领和带动作用；优化国有资本布局，用3～5年实现基础产业和前瞻性战略性产业国有资本占比不低于70%；深化内部改革，完善现代企业制度，推进内部资源整合，提高国有资本运营效率；调整职能和机构，以战略管控和财务管控为主，对所出资企业履行出资人职责等。

随着我国经济进入新常态，公司经营环境发生了深刻变化，与融入国家战略、推动公司转型发展的要求相比，现有业务结构和管控体系还不相适应，公司现状与国资委的要求还不适应，总部职能与国有资本投资公司的功能定位还不适应，"大企业病"有所显现。为了进一步增强企业活力、提高运营与管理效率、提升核心竞争力，公司全面深化改革，以"小总部、大产业"作为改革目标。

### （二）"小总部、大产业"的内涵

"小总部、大产业"即按照管资本为主的要求，将产业经营职能下沉至子公司，实行专业化经营，缩短管理链条，提高管理有效性；对总部职能进行全面梳理，建立责任权利清单，下放部分职能，整合交叉职能，强化核心职能，推动服务类职能共享，加强总部的战略管控与财务管控能力，提高运行和管理效率，重点管好国有资本的投向、运作、回报和安全。国投"小总部、大产业"管理模式如图 1-12 所示。

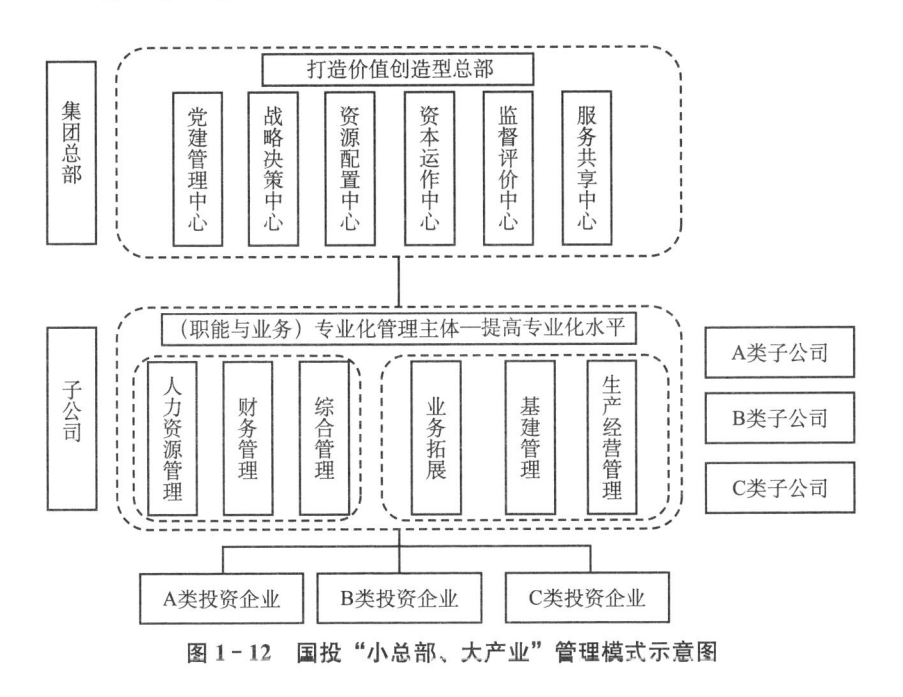

图 1-12 国投"小总部、大产业"管理模式示意图

为了全面实现"小总部、大产业"的改革目标，公司实施了如下改革举措。

### 1. 明确战略管控与财务管控相结合的管控模式

➢ 战略管控方面

主要是管方向，以战略规划、行业研究、结构调整和改革发展为抓手，解决干什么的问题。总部负责制定集团总体战略发展规划，通过审批、影响子公司的战略规划行使股东权利，通过对子公司进行职能支持创造资本价值。

➢ 财务管控方面

以预决算管理、风险管理、资金管理为抓手，履行积极股东和股权投资者责任，通过增持、减持或持有投资企业股权，创造价值，提高国有资本回报。

**2. 进行总部职能重塑优化**

➢ 梳理总部职能

国投根据中央关于国资国企改革的精神和公司分类授权改革的新要求开展了总部职能梳理，并进行了职能优化改革访谈，征求公司领导、职能部门和子公司主要负责人的意见，明确了总部需要保留的职能。

➢ 下放部分职能

以国投电力、国投高新为试点，国投总部逐步下放运营监管类职能、共享服务类职能、公共管理类职能，将依法应由子公司自主决策的事项归位于子公司。改革初期，由于授权范围的不同与进度差异，总部的部分职能管理采用的是"双轨制"。

➢ 整合交叉职能

按照精简高效、权责清晰的改革要求，对相近、交叉的管理职能进行整合，原则上集中到同一个部门。

➢ 强化核心职能

总部作为资本配置和运作机构，聚焦资本投资和运作职能，建立精干、规范、高效的组织机构和决策体系，通过组织架构与部门职责调整，着重提升战略决策能力、资源配置能力、资本运作能力、监督评价能力等核心职能。

➢ 推动服务共享

设立国投培训与保障中心，统筹后勤服务、医务、信息化终端及网络维护、离退休工作站服务等保障工作，以及职称评审、档案、培训计划的组织实施等职能支持工作，实现管服分离。部分服务保障工作移交现有子公司负责。

改革后，总部以战略及财务管控作为两大抓手，实现对国有资本更有效、更合理的投资管理：通过强化总部战略决策职能，更好地服从服务国家战略，引领公司健康发展；通过强化资源配置职能，推动资本向关系国民经济命脉和民生的领域集中；通过强化总部的资本运作职能，推动国有资本合理流动；通过强化总部的监督评价职能，加强对授权的监督。

# 第二章　集团管控模式

按照迈克尔·古尔德提出的集团公司层面三种类型的管理风格，集团管控模式一般划分为：财务管控模式、战略管控模式和运营管控模式三种基本模式，但也可以裂变出多种模式。迈克尔·古尔德提出的集团管控模式划分，因其模式定义明确、区分清晰、简单易记而备受推崇，并广泛应用于我国集团公司实践中。

## 第一节　管控模式的类型

在集团公司中，各业务板块及子公司的战略地位、发展阶段、产权关系、资源相关性、行业特点等因素不尽相同，集团总部需要考虑采用混合型还是单一型的管控模式，使集团公司的业务和子公司能够稳步发展。集团管控模式如图 2-1 所示。

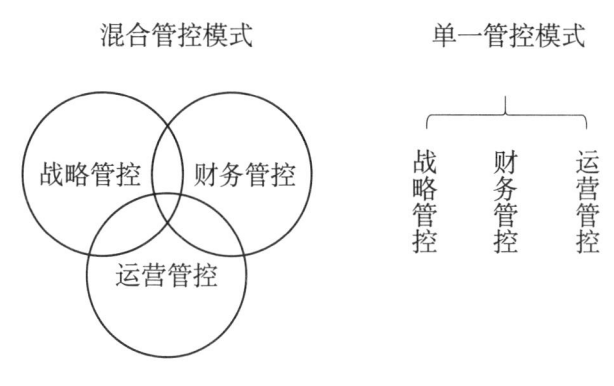

图 2-1　集团管控模式

# 一、单一管控模式

## （一）财务管控模式

采用财务管控模式的集团公司以追求投资回报、资本增值为唯一目标，无明确的产业选择，主要通过投资业务组合的结构优化追求公司价值最大化。

集团总部无业务管理部门，人员精简（主要是高级财务管理人才），主要负责集团财务和资产运营、集团财务规划、投资决策和实施监控，以及对外收购、兼并工作。集团总部对下属业务单元的管理主要是考核投资回报率，进行法律监督等。下属业务单元对其经营活动享有高度的自主权。采用财务管控模式需要总部提升投资决策水平，建立严密的财务监控体系和风险预警体系。财务管控模式的组织结构如图 2-2 所示。

财务管控模式的优点是：母公司可以完全专注于资本经营和宏观控制，减少了母子公司之间的矛盾，子公司成为完全独立的

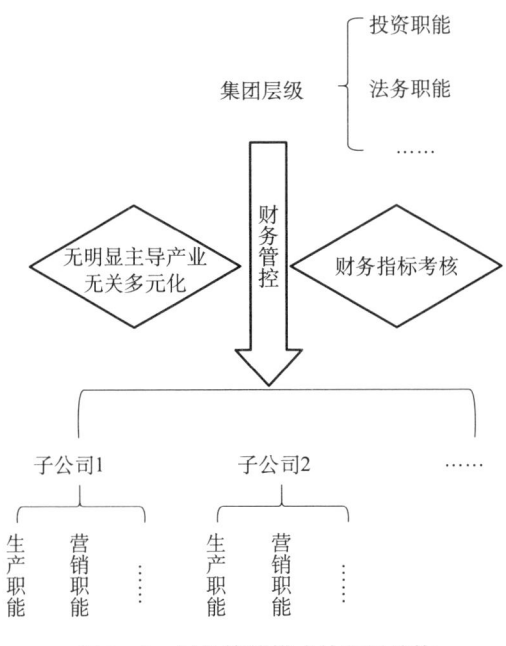

图 2-2　财务管控模式的组织结构

经济实体。母公司的投资机制灵活有效，子公司发展得好，母公司可增持；子公司发展不好，母公司也可退出，可有效控制母公司的投资风险。

财务管控模式的缺点是：母公司与子公司的目标容易不一致，不利于发挥母公司的优势；控制距离过长，信息反馈不顺畅；母公司与子公司之间信息不对称，母公司难以实施有效的控制；子公司内部容易产生事实上的内部人控制。

## （二）战略管控模式

战略管控模式追求多元化产业发展，有明确的产业选择，追求投资业务的战略组合优化和协调发展，以对集团公司总体战略控制和协同效应的培育为目标。采用战略管控模式需要强化下属业务单元的独立运作能力，弱化总部的业务管理功能。下属业务单元作为独立的业务单元和利润中心，有着完善的运作职能和决策权。

集团总部主要承担战略规划、监督控制与服务管理职能：战略管理部门通过战略规划与业务计划体系对下属业务单元进行战略引导；财务部门通过预算体系和财务报告体系对下属业务单元进行财务监控；人力资源、法律/税收、信息化、公共关系、品牌管理等部门则主要为各下属业务单元提供带有规模效应的专业化服务；集团总部通过战略指标体系对下属业务单位进行考核。战略管控模式的组织结构如图2-3所示。

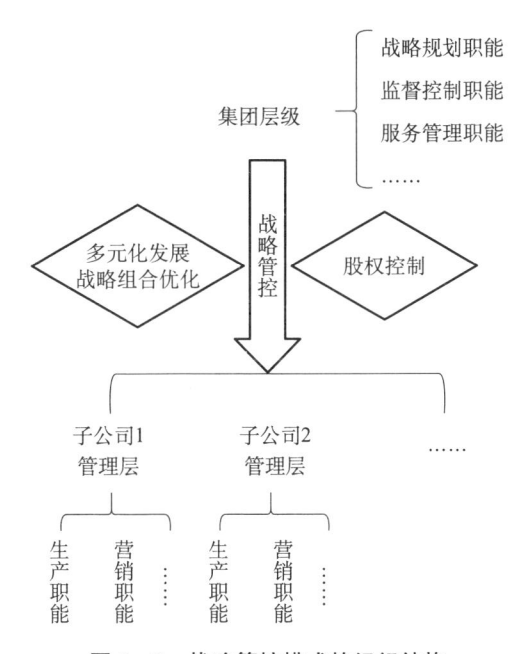

图2-3　战略管控模式的组织结构

战略管控模式的优点是：母子公司决策和执行分离，产权经营和产品经营分开，母子公司目标明确，可以实现对子公司的激励；母公司专注于战略决策和资源部署，通过决策控制保证母子公司的整体发展方向，有利于发挥总部优势；能减少决策环节，大大提高决策效率和企业的应变能力，有利于单一产业的企业实现快速复制式的规模扩张。

战略管控模式的缺点是：信息反馈的及时和顺畅程度影响战略决策的正确性；战略管理协调功能执行不好会造成母子公司矛盾；对母子公司的决策流程规范性和完善性要求较高。

## （三）运营管控模式

采用运营管控模式的集团公司，通常有明确的主导产业。总部作为经营决策中心和生产指标管理中心，以对企业资源的集中控制和管理及追求企业经营活动的统一和优化为目标，直接管理集团的生产经营活动（或具体业务），追求战略实施和经营思路的严格执行。各子公司经营行为统一，公司整体协调成长。

采用运营管控模式需要大幅提升总部业务（人、财、物、产、供、销）管理能力，建立分职能的纵向考核体系，其职能部门功能相对比较完善，各职能部门对下属业务单元相关职能部门具有直接的管理和考核权力，下属业务单元权限弱化至操作执行层面。运营管控模式的组织结构如图 2-4 所示。

运营管控模式的优点是：母公司能够及时得到子公司的经营活动信息，并及时进行反馈，控制力度大；子公司的经营活动得

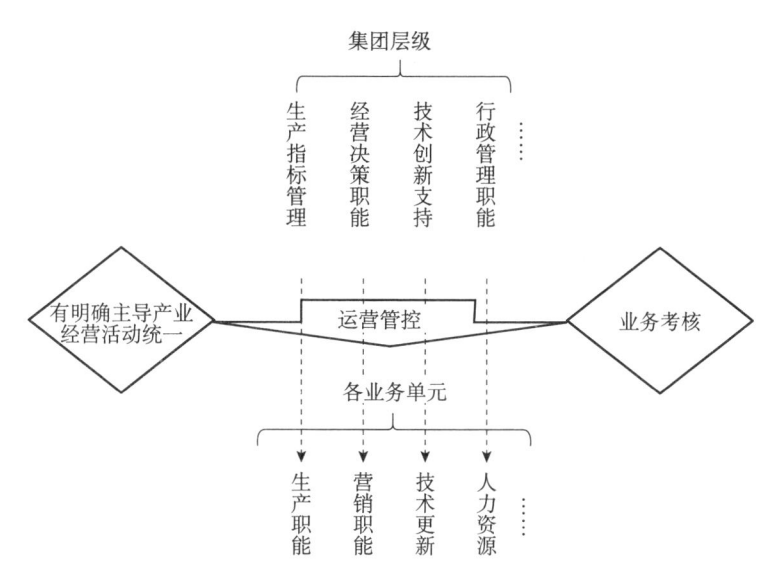

图 2-4 运营管控模式的组织结构

到母公司的直接支持，母公司能够有效地调配各子公司的资源，协调各子公司之间的经营活动。

运营管控模式的缺点是：母子公司资产、经营一体化导致母子公司的产权关系不够明晰，母公司的风险增大；母公司与子公司职能部门可能互相扯皮，导致管理成本增加；随着子公司的不断扩张，总部职能部门工作负担逐渐加重，对子公司的有效管理和考核越来越难，工作效率下降，反应时间滞后。

## （四）三种管控模式对比

三种管控模式的划分有两个基本维度：母子公司集权程度以及集团成员公司间的业务相关程度。这两点决定了集团总部对下属公司或业务单元的干预程度、管控手段和考核目标等（如图 2-5 所示）。

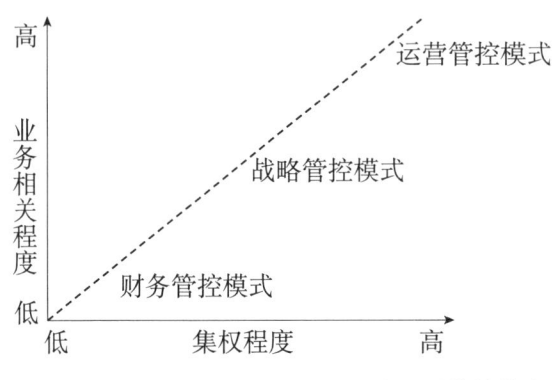

图 2-5 业务相关程度、集权程度与三种管控模式

运营管控模式和财务管控模式是集权和分权的两个极端，战略管控模式处于中间状态。运营管控模式适用于业务相关程度较高的公司，财务管控模式则不注重业务相关程度，战略管控模式同样处于中间状态。

集团总部对运营管控模式下的企业原则上不做过多的授权；对战略管控模式下的企业，可以根据实际，在投资管理、财务管理、资本运作、引进人才、风险管理等方面给予一定的授权或额度；对财务管控模式下的企业给予较大的自主权。三种管控模式的基本特征如表 2-1 所示。

表 2-1　　三种管控模式的基本特征

|  | 财务管控 | 战略管控 | 运营管控 |
| --- | --- | --- | --- |
| 管控目标 | 投资回报；投资业务组合的结构优化；追求公司价值最大化 | 公司组合的协调发展；投资业务的战略优化和协调；战略协同效应的培育 | 各业务单元经营活动的统一与优化；公司整体协调成长；对行业成功因素的集中控制与管理 |
| 管控手段 | 财务控制；法律；企业并购 | 财务控制；战略规划与控制；人力资源 | 战略；财务；营销/销售；网络/技术；新业务开发；人力资源 |

续前表

| | 财务管控 | 战略管控 | 运营管控 |
|---|---|---|---|
| 适用企业类型 | 多种不相关产业领域 | 相关型或单一产业领域 | 单一产业领域，但有地域局限性 |
| 考核标准 | 以财务指标进行管理和考核，总部无具体业务管理部门 | 以战略规划进行管理和考核，总部一般无具体业务管理部门 | 通过总部职能管理部门对下属业务单元日常经营运作进行管理 |

## 二、混合管控模式

一般而言，集团公司的管控往往采用以一种模式为主导的混合管控模式，如"战略＋财务""战略＋运营"等。集团总部应以各子公司的行业特征、发展阶段、经营状态为主线，实行分类管控，采用"一企一策"的混合管控模式。对于控股或实际控制且经营状态较好、市场化程度较高、运营能力较强的企业，宜采用战略管控模式，集团管方向、管投资、管战略；对于集团控股或实际控制的新设立企业、处于发展初期或经营状态不佳的企业，宜采用运营管控模式，除管方向、管投资、管战略外，集团还要管重大经营活动；对于参股企业，重点关注财务目标，宜采取财务管控模式。对不同子公司的混合管控模式如图2-6所示。

此外，管控模式应随着集团整体战略、下属业务单位的发展以及竞争环境等的变化进行动态调整。当一项业务整体走向衰弱时，会转向财务导向，寻找退出机制；当下属公司逐步发展，能够成为独立的运作平台时，往往从运营导向转向战略导向。

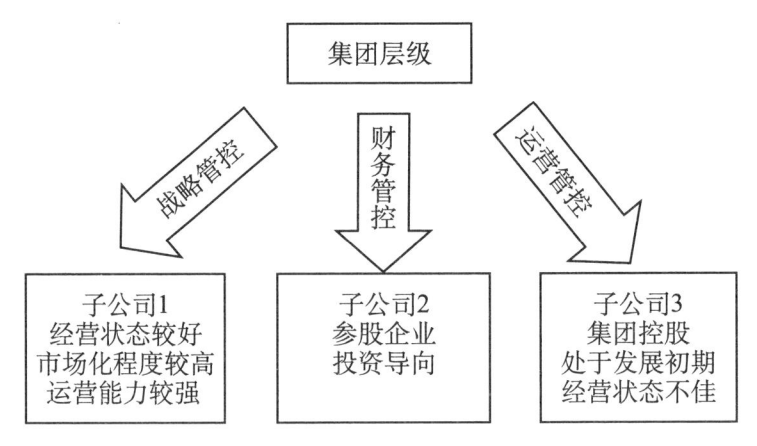

图 2-6 对不同子公司的混合管控模式

# 第二节 管控模式的选择

## 一、管控模式的选择"三问"

集团管控模式的选择可以从"需不需要、能不能够、应不应该"这三个角度来考虑,见表 2-2。

表 2-2　　　　　　　管控模式的选择"三问"

| 问题 | 含义 |
| --- | --- |
| 需不需要? | 从集团总部对下属企业的战略要求来看,关注的是业务单元的战略地位 |
| 能不能够? | 从集团总部掌控的资源和核心能力来看,关注的是集团与业务单元的资源相关度 |
| 应不应该? | 从下属各业务单元自身发展阶段来看,关注的是业务单元的发展阶段 |

## 二、管控模式选择的影响因素

在具体选择过程中,需要综合评估产业环境、战略地位及业务特点、协同共享、母子公司发展状态、管理风格等内外部多种因素。三种管控模式并无严格界限,通过定性评估主要确定管控模式的倾向。管控模式影响因素示例,如图2-7所示。

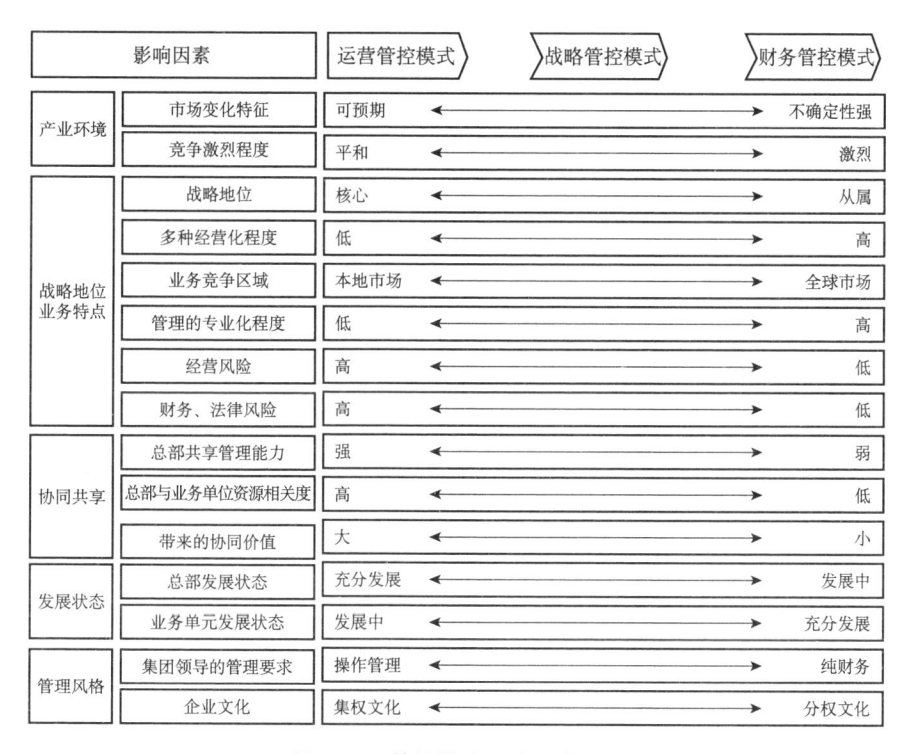

| 影响因素 | | 运营管控模式 ⟵⟶ 战略管控模式 ⟵⟶ 财务管控模式 |
|---|---|---|
| 产业环境 | 市场变化特征 | 可预期 ⟵⟶ 不确定性强 |
| | 竞争激烈程度 | 平和 ⟵⟶ 激烈 |
| 战略地位业务特点 | 战略地位 | 核心 ⟵⟶ 从属 |
| | 多种经营化程度 | 低 ⟵⟶ 高 |
| | 业务竞争区域 | 本地市场 ⟵⟶ 全球市场 |
| | 管理的专业化程度 | 低 ⟵⟶ 高 |
| | 经营风险 | 高 ⟵⟶ 低 |
| | 财务、法律风险 | 高 ⟵⟶ 低 |
| 协同共享 | 总部共享管理能力 | 强 ⟵⟶ 弱 |
| | 总部与业务单位资源相关度 | 高 ⟵⟶ 低 |
| | 带来的协同价值 | 大 ⟵⟶ 小 |
| 发展状态 | 总部发展状态 | 充分发展 ⟵⟶ 发展中 |
| | 业务单元发展状态 | 发展中 ⟵⟶ 充分发展 |
| 管理风格 | 集团领导的管理要求 | 操作管理 ⟵⟶ 纯财务 |
| | 企业文化 | 集权文化 ⟵⟶ 分权文化 |

图2-7 管控模式影响因素示例

## (一) 外部环境

外部环境主要考虑市场和竞争状况。市场变化越快、波动性越强、行业竞争越激烈,对决策的及时性和灵活性要求就越高。

集团总部对该类型业务单元应采取较为分权的财务管控和战略管控模式。对市场较为稳定、竞争平和的业务单元，集团总部可根据需要采取以运营管控模式特点为主的混合型管控模式。

## （二）内部环境

### 1. 战略地位及业务特点

战略地位指现阶段下属业务单元经营的业务在整个集团战略中所处的位置，分为战略核心、战略重点和战略从属三种类型。战略核心指能够支撑集团长期发展的基础性业务；战略重点指能够促使集团快速做大规模的战略性业务；战略从属指目前集团尚未建立竞争优势或规模较小或盈利能力不强的业务。实践中，可简单从长期和短期两个角度衡量下属业务单元的战略地位。从长期看，该业务单元是不是集团未来的核心和支柱业务；从短期看，该业务单元目前销售收入和利润占集团总额的比例有多高。战略地位越高，越倾向于采取集权的管控模式（见图2-8）。

从业务特点来看，下属业务单元多种经营化程度越高、竞争区域越广、管理专业程度越高、经营及法律财务风险越大，集团总部越应采取较为分权的管控模式。

### 2. 协同共享

在协同共享方面，母子公司资源相关度最为重要。它主要指集团总部掌控的资源与下属业务单元经营的业务之间的关联程度。资源相关度越高，越倾向于采用集权的管控模式。实践中，

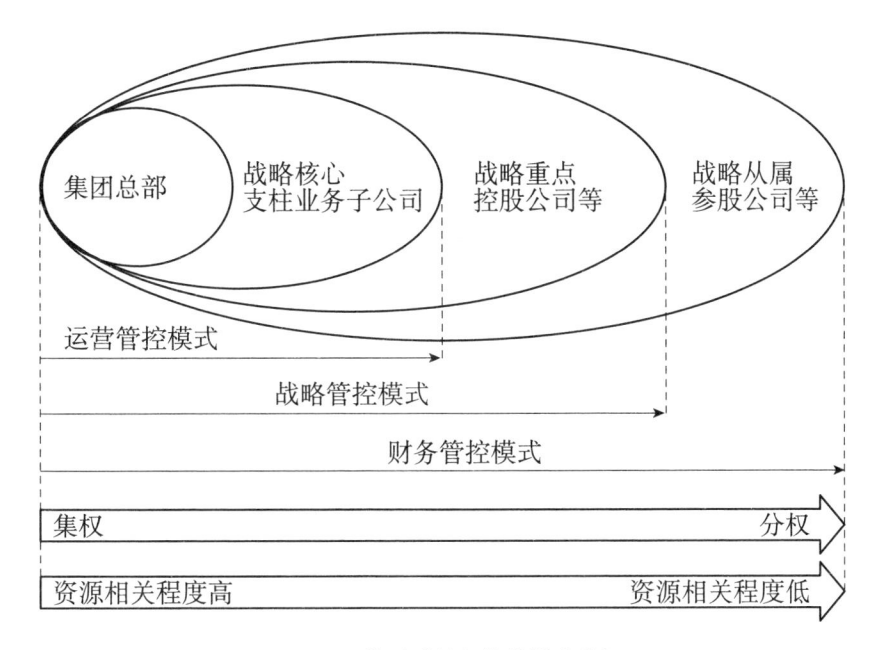

图 2-8　战略地位与管控模式选择

可从政府资源、技术资源、市场资源（品牌、客户群、销售网络等）、人力资源、供应链资源出发，考察评估下属企业在现阶段和下一步发展过程中，与集团公司或集团其他企业之间在上述资源方面的内在相关性，然后决定采用哪种管控模式。

### 3. 发展状态

在母子公司发展状态中，下属单位发展阶段对集团管控模式的选择较为重要。下属单位越处于发展初期，其抗风险能力越弱，集团越倾向于采取集权的管控模式。随着下属单位日益成熟，集团总部应逐渐放权（见图 2-9）。

下属单位所处的发展阶段，可以从企业组织结构的稳定性（功能和部门设置是否比较健全，人员配置是否到位，人员结构是否合理稳定)、企业销售收入的稳定性(是否有比较稳定的客户资源或占有一定的市场份额)等方面判断。

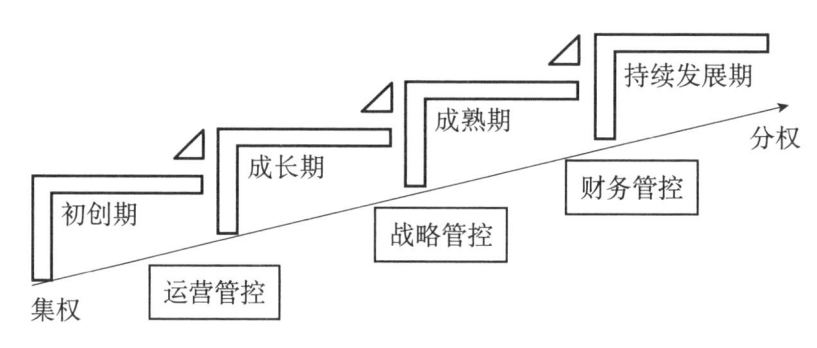

图 2-9 下属单位发展阶段与管控模式选择

## 第三节 国投的差异化管理

### 一、国投的多元化业务架构

按照习近平总书记关于国有资本投资运营要服务于国家战略目标，更多投向关系国家安全、国民经济命脉的重要行业和关键领域的指示，党的十八届三中全会关于国有资本投资公司的功能定位，中央关于供给侧结构性改革的部署，2017 年 11 月，国投党组提出"为美好生活补短板，为新兴产业作导向"的战略目标，通过服务国家战略，实现转型升级和创新发展。

国投重新梳理、优化调整公司业务结构，推动主要业务向关系国民经济命脉和民生的领域集中，形成了基础产业、前瞻性战略性产业、金融及服务业、国际业务四大战略业务单元，在国民经济发展中发挥了投资导向、结构调整、创新引领的独特作用。其中，基础产业的发展重点是以电力为主的能源产业，以路、港为主的交通产业，以及战略性稀缺性矿产资源开发业务；前瞻性战略性产业主要通过基金投资与控股投资融合联动，重点发展健康养老、生物乙醇、城市环保、检验检测、先进制造业等产业，培育发展一批能够发挥示范引领作用的骨干项目；金融及服务业发展银行、证券、信托、保险、担保、期货、财务公司、融资租赁等金融业务，开展工程设计、资产管理、咨询、物业等其他业务；国际业务重点开展境外直接投资、国际工程承包、国际贸易等业务（见图2-10）。

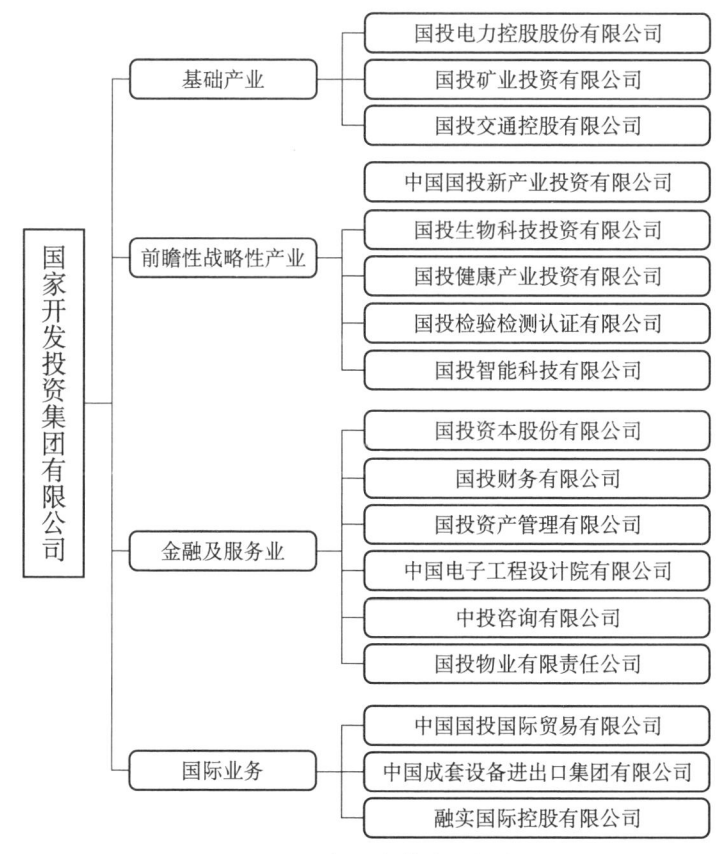

```
                        ┌─ 基础产业 ──┬─ 国投电力控股股份有限公司
                        │             ├─ 国投矿业投资有限公司
                        │             └─ 国投交通控股有限公司
                        │
                        │                ┌─ 中国国投新产业投资有限公司
                        │                ├─ 国投生物科技投资有限公司
国家开发投资集团有限公司 ─┼─ 前瞻性战略性产业─┼─ 国投健康产业投资有限公司
                        │                ├─ 国投检验检测认证有限公司
                        │                └─ 国投智能科技有限公司
                        │
                        │               ┌─ 国投资本股份有限公司
                        │               ├─ 国投财务有限公司
                        ├─ 金融及服务业 ─┼─ 国投资产管理有限公司
                        │               ├─ 中国电子工程设计院有限公司
                        │               ├─ 中投咨询有限公司
                        │               └─ 国投物业有限责任公司
                        │
                        │              ┌─ 中国国投国际贸易有限公司
                        └─ 国际业务 ───┼─ 中国成套设备进出口集团有限公司
                                       └─ 融实国际控股有限公司
```

图2-10 国投四大战略业务单元

## 二、国投的差异化管理

国投的差异化管理主要是针对不同行业背景、不同发展基础、不同发展条件的成员企业采取不同的管控模式，提出不同的责权要求，实行非对称性或非统一标准的管理，尊重各成员企业的个性特征，并给予一定程度的灵活性和自主性，使其充分发挥自身的独特优势，避免因无差别化或"一刀切"式管理造成管理上的僵化。

国投的各个子公司在投资业务、企业运营管理方面存在着很大的差异，既有实业类的子公司，又有金融及服务类的子公司，还有划转过来的子公司。各子公司之间的基础不同、资源不同、条件不同、环境不同，要求也不尽相同，很难用统一的模式来管理所有的子公司。国投总部在集团化、专业化管理（详见下一章）的前提下，针对公司行业跨度大、经营模式差异大、发展阶段迥异的特点，采取了符合不同板块及板块内不同业务的行业特点、战略定位以及所处发展阶段的管控模式，主要以战略管控和财务管控两种模式为主。

对市场化程度高、行业管理特点鲜明的金融及服务业、前瞻性战略性新兴产业（基金投资）业务板块，以财务管控模式为主。在战略管理方面，总部更关注是否符合宏观要求以及能否实现内部协同；在业务管理方面，总部基本不介入，由下属公司自主决策；在人事管理方面，总部通过法人治理结构实现对高管人员的管理；在业绩考核方面，总部主要关注财务指标。

对行业较为稳定、管理成熟度高的基础产业板块，以及行业处于发展期、子公司管理专业性强的前瞻性战略性新兴产业（生物、健康产业）业务板块，以战略管控模式为主。在战略管理方面，总部指导下属公司制定符合集团方向的战略；在经营管理方面，总部主要通过董事会、经营管理层进行管理。

# 第三章　集团管控架构与功能定位

随着国有资本投资、运营公司的试点推进及大型产业集团的重组，由多集团组成的大型国有集团公司日益增多。规模扩张、行政划转等因素导致国有集团公司普遍存在组织链条长、管理层次多等问题，严重影响集团管理效率，甚至导致管理失控、资产流失。通过合理的集团管控架构设计来适应外部环境变化，匹配集团不同阶段战略、目标、业务发展需求，满足长远发展需要，是大型国有集团公司变革的重点。

## 第一节　管控架构设计

对于由控股母公司与子公司组成的集团公司而言，可采用职能制（母公司—子公司）、事业部制（母公司—事业部—投资企业）和三级专业化管理制（母公司—专业子公司—投资企业）三种管控架构中的一种或多种。实践中，集团公司多采用三级专业化管控架构。

## 一、母公司—子公司

母公司—子公司管控架构（见图 3-1）集权程度高，便于统一管理与高效执行。但是，在这种管控架构下，过多的控股子公司使得集团总部的管理幅度不断加大，管理效能逐渐降低，导致总部人员陷于日常事务管理之中，难以集中精力聚焦战略规划等核心职能，同时放大了总部承担的风险与责任。从长期发展来看，总部的专业化水平难以适应集团公司多元化的经营与管理要求。

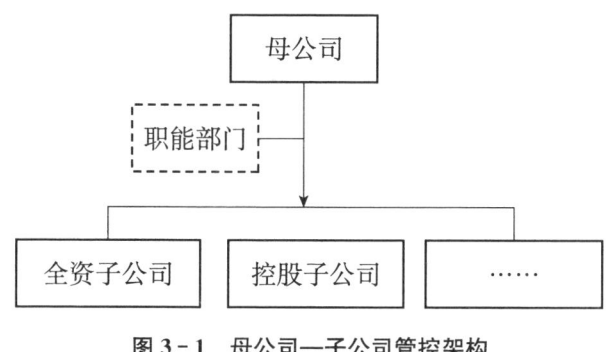

图 3-1 母公司—子公司管控架构

## 二、母公司—事业部—投资企业

母公司—事业部—投资企业管控架构（见图 3-2）能够实现集权与分权的适度平衡，既能调动各事业部发展的积极性，又能通过统一协调与管理来有效制定和实施集团公司整体发展战略。集团总部能够从繁重琐碎的日常事务中解脱出来，集中精力强化战略及重大决策管理。但是，这种管控架构也会因管理层次过多导致信息传递效率降低、信息失真，在一定程度上增加了内部交易费用。各事业部彼此独立，使得集团总部协调各个事业部的难度大，不利于发挥集团各业务板块的协同优势。此外，因事业部为非独立法人，母公司仍需承担经营风险。

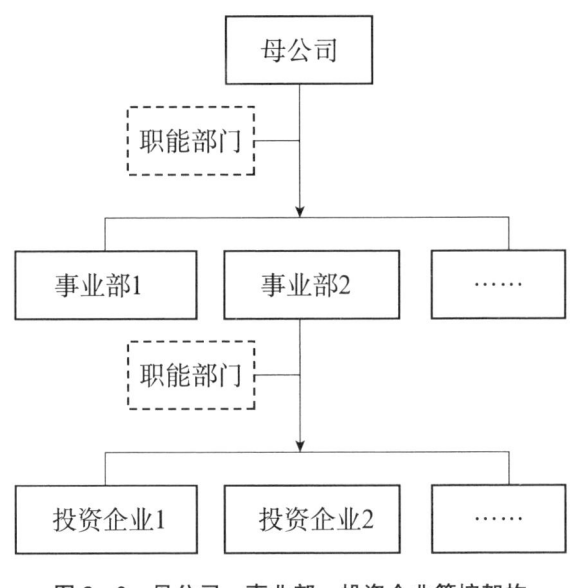

**图 3-2　母公司—事业部—投资企业管控架构**

## 三、母公司—子公司—投资企业

在母公司—子公司—投资企业管控架构下（如图 3-3），母公司与各层级子公司均作为独立法人，集团总部主要通过外派董事、监事或高级管理人员对子公司进行管控。严格来讲，母公司职能部门没有对子公司的行政管理功能。集团公司经营领域较宽，投资取向灵活，进退自如；各子公司具有较强的独立性和积极性。但是，集团公司难以有效制定和实施集团整体发展战略；不同子公司之间的业务性质差别较大，难以发挥公司之间的协同效应；各子公司在利润管理上出于自身利益的需要，可能会采取措施减少上交母公司的利润额度。

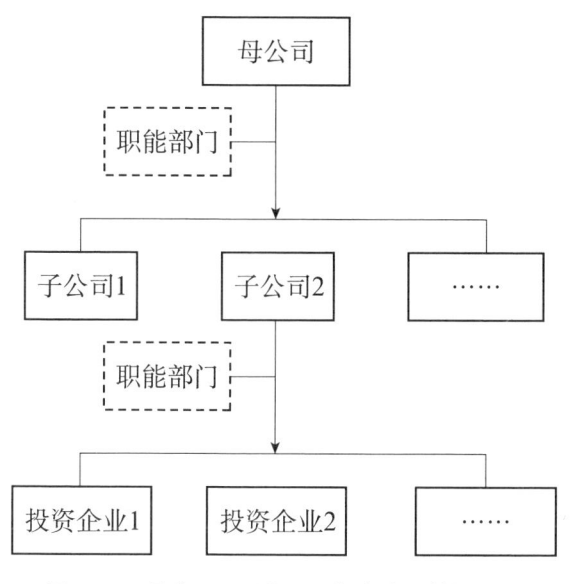

**图 3-3　母公司—子公司—投资企业管控架构**

三种管控架构的比较分析如表 3-1 所示。

**表 3-1　三种管控架构的比较分析**

|  | 母公司—子公司 | 母公司—事业部—投资企业 | 母公司—子公司—投资企业 |
|---|---|---|---|
| 描述 | 将子公司或整个二级子集团作为独立法人，二级子集团内部无其他独立法人 | 投资企业分别为独立法人 | 整个二级子公司为独立法人，投资企业分别为独立法人 |
| 优点 | 有利于二级子公司内业务的整合协调；有利于母子公司间的风险隔离 | 母公司控制力较强，有利于下属单位资源整合与协作 | 规避各层次经营风险，管理专业化较强 |
| 缺点 | 二级子公司需承担内部所有业务单元的经营风险 | 母公司经营风险较大 | 二级子公司对投资企业控制较弱 |

## 第二节　功能定位

随着集团公司规模的日趋扩大，集团总部很容易"机关化"，成为权力中心，无法发挥真正的功效和作用。集团总部使用简单的集权无法为下属单位创造价值，只有通过提供专业化的职能服务、更有效的技能开发和供给，以及协助各业务单元实施独立的或关联的服务，整合资源、协同作战，形成系统力量，才能不断强化集团核心竞争力。

### 一、构建价值型集团总部

我国大型集团公司总部演变一般经过三个阶段：从"机关型总部"向"企业型总部"转变，从"企业型总部"向"职业型总部"转变，最后完成从"职业型总部"向"价值型总部"转变。

所谓价值型总部，通常指总部创造的价值大于总部的价值损耗（管理成本和代理成本），或者说实现了总部的"规模经济"。由于总部价值创造很难精确衡量，价值型总部更多地是一个相对概念。

价值型总部是集团公司发展到一定程度，总部呈现空心化、持股化和成本化趋势的产物。总部价值创造的理论基础可追溯到钱德勒"多元化发展理论"、安索夫"协同效应理论"。20世纪80年代中期，以资源为基础的战略观、价值创造区域理论、愿景驱动式理论、核心竞争力理论、多元化发展理论、协同效应理论等从不同角度揭示了总部价值创造的一般方式或路径。

钱德勒"多元化发展理论"、安索夫"协同效应理论"主张：总部价值创造体系依赖于战略协同效应、组合效应、（业务/产权或产业）重组效应、独特资源与核心能力转移、愿景驱动、哺育优势等方式。以资源为基础的战略观认为，总部创造价值的基础在于其所拥有的某些独特资源与核心能力。价值创造区域理论将总部价值创造归结为市场需求、资源稀缺性、资源可获得性三种基础性力量的动态作用，三种基础性力量的交叉部分即为价值创造区域。愿景驱动式理论认为，总部价值创造源于企业家高瞻远瞩的眼光和对未来不确定性的一种勇气、胆量、直觉或远见。核心能力理论将核心竞争力视为总部价值创造的源泉。

综合来看，总部创造价值并非直接参与下属单位经营，而是通过提供职能服务、共享服务、有效监督来实现。我国大型集团公司构建价值型总部需做两个转变：其一，人力资源、计划运营、财务等职能部门要了解一线的业务和发展，财务部门是"心腹"，人力资源、计划运营部门是"左膀右臂"，这三个部门必须成为转变的核心；其二，强化过程控制的跟踪检查，检查提前，结果才能提前。

构建价值型总部，应从以下三方面进行专业梳理：

第一，明晰总部核心能力，确立适合自身的管控模式。激烈的竞争及快速变化的环境要求总部对外部环境变化迅速、灵活地作出反应。央企、国企总部集权，习惯采用行政化方式对下属单位经营活动过度干预，带来价值破坏。究其根本，是总部缺乏对自身核心能力的清醒认识，管控模式滞后。总部作为首脑或最高决策机构，必须了解自己核心能力所在，明确自己价值创造特长，即总部应该如何创造价值。必须确立与总部角色匹配的管控模式和组织类型，为总部价值创造提供强有力的支持。

第二，明晰总部职能定位。构建价值型总部，其核心是要清晰界定总部职能定位和行为边界，即总部与下属单位之间的"价值链分工"。价值型总部是通过向下属单位提供服务间接创造价值。总部职能、管理风格直接决定总部服务水平，影响总部价值创造。只有明确总部自身职能定位以及角色，才能清晰界定总部与下属单位之间的责权关系，提高总部决策的效率及对外部环境变化响应的速度。因此，总部应加快从"管控"导向向"提供附加价值"导向转变。此外，总部创造价值本质上是公司高管人员的价值创造。高管人员必须了解总部形成及价值创造所依赖的特定环境，在明确总部类型、资源、核心能力的前提下，提出总部创造价值的见解。

第三，培育具有强大凝聚力的企业文化。强有力的企业文化经常被阐述为"集体性思想程序"。文化往往构成一个公司或集团的核心优势，在为公司战略提供支撑的同时，减少冲突，形成强大凝聚力。

## 二、集团总部职能体系

通常来讲，投资控股集团总部价值创造职能主要包括战略决策、资本运作、运营监管、监督评价、资源配置与共享服务几个方面。

**1. 战略决策**

- 研究制定集团发展战略及业务组合战略；
- 参与制定集团战略核心和重点业务战略规划；
- 指导战略从属业务拟定发展战略规划；
- 建立健全对各下属单位战略规划实施情况的监控体系，定期进行评价、分析及调整；
- 制定集团投资政策，对重大投资进行决策；
- 对重大投资项目建设进行监督管理，对投资项目进行后评估；
- 负责集团重大资产处置管理。

**2. 资本运作**

- 集团并购重组与资本化策略制定、计划审批、项目实施与监控；
- 集团发行债券、股票，以及子公司改制中所涉及的融资管理。

**3. 运营监管**

- 下属单位经营目标下达、监控及考核；
- 下属单位业务协同，关联交易协调；
- 集团安全生产管理。

**4. 监督评价**

● 完善下属单位法人治理结构，发挥制衡机制；

● 对下属单位经营管理、经济效益、财务收支进行审计，对高管人员进行离任或定期经济责任审计；

● 对下属单位进行效能监察、纪检监察等。

**5. 资源配置与共享服务**

● 统一调配、培养集团人才，在技术创新、特殊人才配置方面给予政策保障；

● 集团财务集中管理，合理配置、调剂资金，充分发挥集团优势；

● 共享信息化、法律事务、公共关系、品牌建设、集中采购等服务。

## 第三节　国投的集团化与专业化管理

经过多年的探索实践，国投建立了"集团总部—子公司—投资企业"三级管控架构，形成了以资本为纽带的母子公司管理体制，探索出适合投资控股公司经营特点的"集团化、专业化、差异化"管理模式，在总部、子公司和投资企业三个层级之间建立起分工合理、职责明确、相互配合且运行有序的管控系统，形成了"小总部、大产业"的管理格局。

## 一、国投的三级管控架构

按照"重心下沉、激发活力、重组整合、重塑职能"的原则，国投构建与国有资本投资公司相适应、相匹配的三级管控架构（如图3-4所示）。集团总部作为战略决策中心、财务控制中心及成本利润中心，强化相应职能；子公司作为经营管理中心，负责寻找投资机会，推进业务发展，并对投资企业进行专业化管理，以提高运营绩效；投资企业作为业务运营单位，依照总部战略规划及子公司专业管理要求负责具体业务的运营管理。

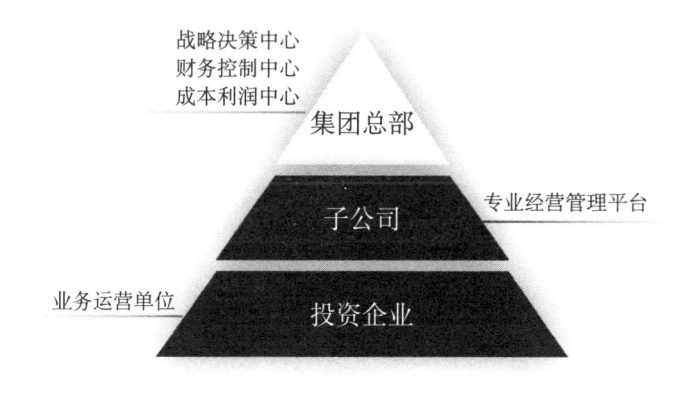

图3-4 国投管控架构

## 二、国投的集团化与专业化

### （一）集团化

国投的集团化管理是以资本为纽带，在现代企业制度的框架内，以集团的视角提供专业化职能服务，在实现规模效应的同时统筹集团公共资源，垂直管理各级公司的基础职能。国投的集团化管控能力如图 3-5 所示。

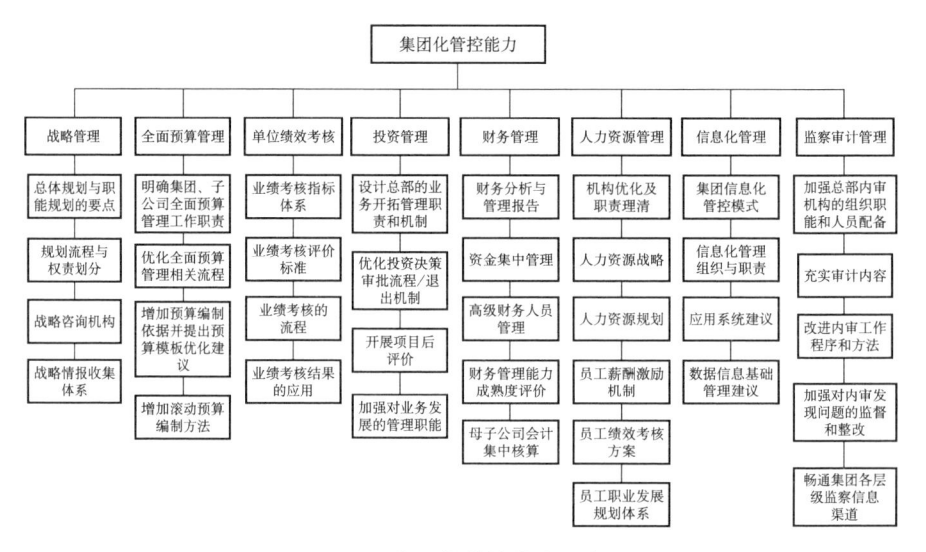

图 3-5 集团化管控能力示意图

以推进业务协同、发挥协同效应为例，国投集团化管理主要采取八项措施：一是扩大原材料、重要设备和服务等集中采购的范围，提升集团企业的市场竞争力和抗风险能力；二是推动集团内部的人力资源合理调配，扩大集团内部的人员交流；三是推动集团内部资金、财务资源与金融业务的协同优势，利用财务公司这一平台，全面推进资金集中管理，提高资金使用效率；四是推动集团内部信息化水平不断提升，实现信息共享、系统共享、知识共享，进一步加强集团成员企业的相互了解和沟通；五是推动集团业务的纵向协同，不断丰富和完善产业链；六是推动区域内集团企业间的集约经营、协调发展，扩大影响，体现规模效应；七是推动集团成员企业认同和弘扬公司企业文化，以公司愿景、宗旨、文化、作风、精神凝聚投资企业，为集团化管理创造良好的文化氛围；八是推动公司与合作伙伴的外部合作，加强与地方政府的战略合作，以投资项目为载体，与有实力的中央企业和地方企业实现强强联合，优势互补。通过实施集团化管理，公司的经营战略和管理意图得到贯彻执行，管理效率和管理效果进一步提高。

## （二）专业化

国投专业化管理注重发挥各专业职能部门和业务单位的专长，使各部门、各单位更加专注于做好本职工作，提高业务水平，完成工作目标，创造卓越绩效。专业化管理包括两个方面，即对总部职能和控股子公司所属行业的专业化管理。子公司被集团总部定位为实行专业化管理的责任中心，负责对投资企业实施专业化管理和精细化管理，推进业务不断发展。国投的子公司专业化能力如图3-6所示。

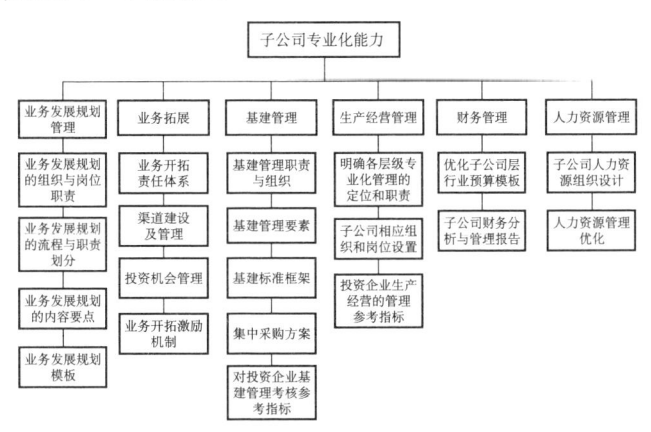

图3-6 子公司专业化能力示意图

## 三、国投的"小总部"改革

为适应国有投资公司的功能定位，解决集团总部职能错位、越位，管得过多、过细、过死等问题，国投按照管资本为主的要求和"小总部、大产业"的改革目标，对总部职能进行全面的梳理，下放产业经营职能，整合交叉职能，强化核心职能，推动服务类职能共享。

国投总部作为资本配置和运作机构，聚焦资本投资和运作职能，建立精干、规范、高效的组织机构和决策体系，着重提升战略决策能力、资源配置能力、资本运作能力、监督评价能力等核心能力；通过强化总部战略决策职能，更好地服从服务国家战略，推动资本向关系国民经济命脉和民生的领域集中，引领公司健康发展；通过强化总部资源配置与共享职能，实现集团协同效应；通过强化总部资本运作职能，推动国有资本合理流动；通过强化总部监督评价职能，加强对授权的监督和战略规划的落实。

**战略决策职能**主要包括：强化政策、行业和区域研究，发挥战略引领作用；编制国有资本投资公司发展规划，确定子公司战略定位和发展方向，分解发展目标；进行规划实施效果评估，批准子公司中长期发展规划；牵头新业务开发、结构调整，推动国有资本布局结构更趋合理。

**资源配置与共享职能**主要包括：通过选拔、培训培养等手段加强关键人才队伍建设，完善人才管理机制，统筹人力资源配置；立足提高国有资本回报，统筹财务资源配置；通过预决算管理，充分引导调动各方面资源，实现国有资本投资公司经营目标。

**资本运作职能**主要包括：统筹资产经营与资本运营，加强并购重组能力建设，利用多层次资本市场，推动资本合理流动，通过上市、重组、并购等手段，实现国有资本投资公司价值提升及资本增值。其中，并购重组能力包括对并购方向研究的能力，对无子公司承接的新兴产业中的具体并购项目筛选的能力，并购项目落地实施、谈判推进能力等。

**监督评价职能**主要包括：加强专业监督（审计、纪检、监察、巡视、后评价、监事会监督）和职能监督（人力、经营、财务、安全生产、法律等从职能管理角度开展的监督）的协同作用，发挥监督合力，加大问责力度；优化考核评价和激励机制，实现对各业务板块、子公司及重点项目的追踪、评价及退出决策，优化资源配置，提高国有资本配置效率。

通过调整总部职能，国投总部职能部门由 14 个减至 9 个，处室由 56 个减至 32 个，总部职能管理人员编制控制在 247 人以内。此外，新设国投培训与保障中心（国投研修院），在党群工作部内设新闻中心，在审计部内设审计评价中心，这三个中心不作为总部职能部门管理，具备条件后将扩大服务范围，探索为集团成员企业提供共享服务。调整前和调整后的国投总部职能机构设置，如图 3-7 和图 3-8 所示。

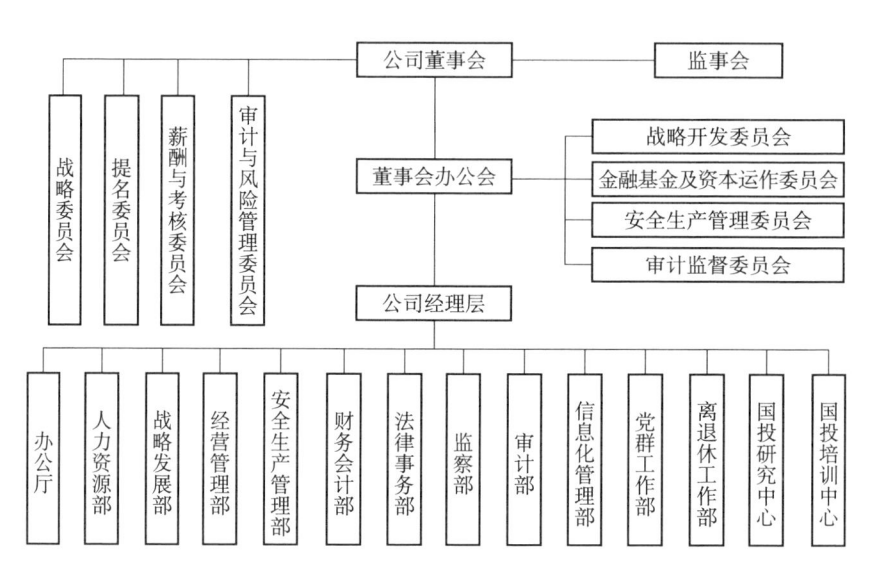

图 3-7 调整前的国投总部职能机构设置

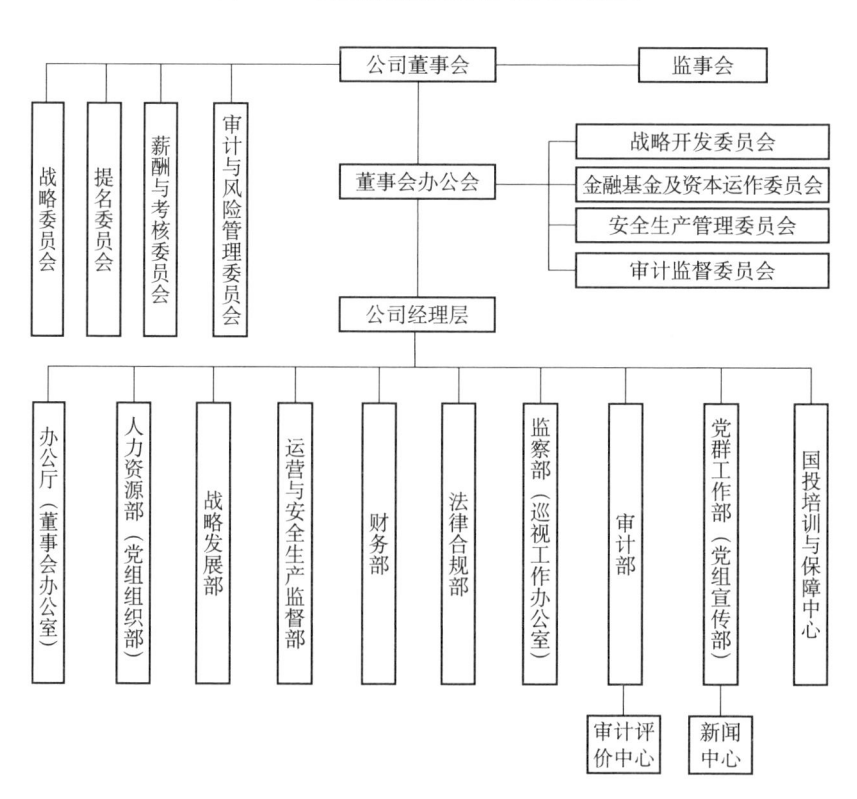

图 3-8 调整后的国投总部职能机构设置

# 第四章　集团下属公司法人治理

我国市场经济的发展，在一定程度上促进了企业以资本为纽带、通过市场竞争逐步形成具有较强竞争力的大型集团公司。在集团公司快速发展的背景下，因受法人层级多、产权关系复杂、跨区域、多元化经营等诸多因素的影响，集团公司对下属公司的管控难度不断加大。是否拥有一种合理的、科学的治理结构，将成为关系到在激烈市场竞争中成败的关键。

## 第一节　公司治理结构

从公司法的角度而言，母公司、子公司均为独立的法人实体，在各自独立的法人治理结构下运行，母公司维护自己在子公司的合法权益就要通过完善子公司治理结构，在合法的游戏规则下实现。

母公司的董事会、监事会、经理层与子公司对应机构没有行政隶属、归口管理关系，母公司对子公司的管理应当依据《公司法》以及公司章程的规定，通过股东（大）会行使股东权力，通过委派的董事、监事、经理等参与企业决策、监督和管理工作。母、子公司治理结构如图4-1所示。

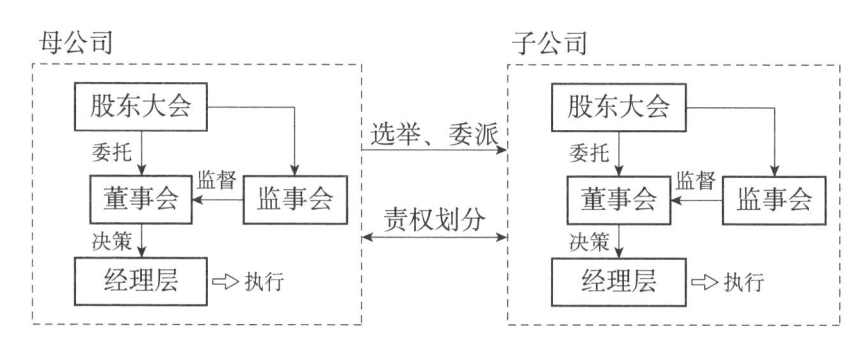

图4-1 母、子公司治理结构

## 一、完善母、子公司治理结构

公司治理是现代企业制度中最重要的治理结构。狭义的公司治理主要涉及公司的股东、董事及经理层之间的关系；广义的公司治理还包括公司与相关利益者（如员工、客户、供应商、债权人和社会公众）之间的关系，以及有关的法律、法规和上市规则等。公司的治理结构主要指由股东大会、董事会、监事会以及公司经理构成的相互分权和制衡的有机体制。公司治理层级如表4-1所示。

表 4-1　公司治理层级

| 治理层级 | 人员构成 | 主要职责 |
| --- | --- | --- |
| 股东大会 | 全体股东 | 讨论和批准公司年度报告；修改公司章程；选举公司董事；讨论和批准董事会提出的重大决策等 |
| 监事会 | 股东代表和职工代表 | 对董事、经理执行公司职务时的行为进行监督等 |
| 董事会 | 内、外部董事 | 战略形成、政策制定、管理活动监管、承担责任等 |
| 专业委员会 | 内、外部董事 | 各专业委员会分别履行财务审计监督、风险提示、董事提名、管理层激励与约束和战略咨询等多种不同职责 |
| 经理层 | 以 CEO 为首的高级管理人员 | 执行董事会决议；主持公司的日常经营活动；经董事会授权，对外签订合同或处理业务等 |
| 业务部门 | 内外部招聘 | 公司的日常运作 |

## （一）股东大会

股东作为公司的实际所有者，根据所持股票的多少对公司享有相应的所有权。《公司法》规定："公司股东依法享有资产收益、参与重大决策和选择管理者等权利。"在现代社会中，由于股票持有方式越发多元化，股东组成也越发广泛，可能包括个人、家庭、集团联盟，也可能包括控股以及交叉持股的公司等。这些组织和个人不可能全部参与公司的具体经营事务，因此就需要专门的权力机关代表全体股东行使权力。股东大会就是这样的权力机关。股东大会分为年度股东大会和临时股东大会。年度股东大会一般由董事会召集。如果在两次股东大会之间发生任何紧急事件，董事会可以提议召开临时股东大会，持有一定数量股权的股东也有权力提出召开临时股东大会。年度股东大会的间隔期虽然以一个日历年为单位，但也有一定的弹性，不过通常不得超过15个月。

年度股东大会的议题一般包括：讨论和批准公司年度报告、资产负债表、损益表和其他会计报表；修改公司章程；决定公司的合并或解散；讨论和通过董事会关于增减公司资本的建议；选举公司董事；讨论和批准董事会提出的股利分配方案。股东大会决议一般采取资本多数决的议事原则，但具体细则各国有所不同。在股东大会上，基本的投票原则是一股一票，即：持股越多，在会上就越有发言权。这一基本原则具有倾向大股东、忽略中小股东利益等弊端，为了克服这些弊端，其他的股东大会表决制度应运而生。

## （二）监事会

虽然各国法律都认可董事会对董事、管理层的监督权，但是欧洲大陆多数国家、日本、韩国、中国的《公司法》都规定监事会或监事为股份公司的必设监督机构，全面执掌监督权，以董事会与监事会机关的分立及决策权与监督权的分离产生制衡，达到公司内部自治监督的目的。各国立法有不断强化监事会监督权力的倾向，以对董事会形成有力的制约。

董事会、监事会机构分立的优点在于，监事会不仅可以监督董事、经理个人的职务执行行为，而且可以监督董事会，解决了董事会只能监督董事个体及下属机构而不能监督自身的问题。从这个角度讲，董事会与监事会分立的二元制结构比一元制的董事会结构在监督制约机制方面更为合理。我国《公司法》规定，监事会对董事、高级管理人员执行公司职务的行为进行监督，对违反法律、行政法规、公司章程或者股东决议的董事、高级管理人员提出罢免的建议；当董事、高级管理人员的行为损害公司利益时，要求董事、高级管理人员予以纠正。

### （三）董事会*

董事会在公司治理中占据极为重要的地位。从我国证监会对董事会结构的要求来看，加强其独立性及充分发挥董事会专业委员会的作用是董事会建设的两大重点。加强董事会独立性不仅有助于限制大股东，避免其剥夺小股东的权利，也有助于对管理层进行客观公正的监督，保证管理决策充分考虑每一个利益相关者的权益。董事会肩负财务监督、风险提示、董事提名和战略咨询等多种不同职责，董事会专业委员会的设立有助于提高董事会运行的效率，增强其专业性，使董事各尽其才。

#### 1. 董事会职责

按照西方管理学相关理论，董事会职责包括战略形成、政策制定、管理活动监管、责任承担等方面。战略形成可确保组织朝

---

\* 本小节参考 TRICKER B. Corporate governance：principles，policies and practices. Oxford Clarendon Press，2012：173-194。

着正确的方向发展。高层管理者（CEO）制定、审查、修改战略，以获取董事会的通过。政策制定服务于企业战略，涉及规章制度、系统程序和项目计划等，可以指导和限制管理层的活动。政策内容具体包括市场政策、经营政策、财务政策、人力政策、风险应对政策等。财务方法和会计系统是监督公司状态和管理者业绩的基本方式，为了更好地保持对高管活动的监管，很多董事会也依赖预算控制系统的定期报告。责任承担则要求董事会对公司全部成员负责，包括具有投票权的股票持有人以及其他利益相关者。董事会将通过法律规定的强制性披露、企业自愿性信息披露、社会责任等形式向其利益相关者报告。董事会职责如图4-2所示。

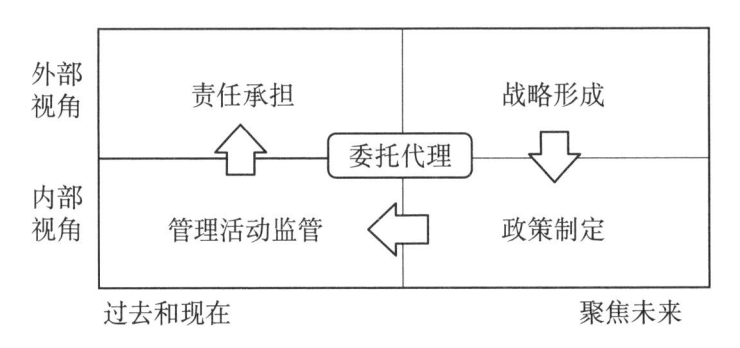

|  | 外部视角 | 责任承担 | 战略形成 |
|---|---|---|---|
|  |  | ↑ ← 委托代理 → ↓ |  |
|  | 内部视角 | 管理活动监管 | 政策制定 |
|  |  | 过去和现在 | 聚焦未来 |

**图4-2 董事会职责**

我国《公司法》规定，董事会对股东会负责，行使下列职权：召集股东会会议，并向股东会报告工作；执行股东会的决议；决定公司的经营计划和投资方案；制订公司的年度财务预算方案、决算方案；制订公司的利润分配方案和弥补亏损方案；制订公司增加或者减少注册资本以及发行公司债券的方案；制订公司合并、分立、解散或者变更公司形式的方案；决定公司内部管理机构的设置；决定聘任或者解聘公司经理及其报酬事项，并根据经理的提名决定聘任或者解聘公司副经理、财务负责人及其报酬事项；制定公司的基本管理制度；公司章程规定的其他职权。

**2. 董事会规模**

董事会规模是董事会治理研究中被重点关注的问题之一，至今为止仍未得出统一结论。董事会规模较小时，董事会运作效率可能较高，但也可能导致权力过于集中，其作为投资人的代理人的属性可能会减弱。董事会规模较大时，协调与沟通所带来的损失可能会超过因人数增加所带来的收益，董事会决策效率可能会降低，独立董事独立作用的发挥可能会减弱，但也可能因董事会规模较大，内部分工更细，董事成员中专业人才增多，监管职能得到更好发挥。因此，董事会规模存在一个"度"的问题，其与董事会治理的质量存在非线性关系。总体来说，经营类型（或非营利领域）、治理结构、所有权、公司发展阶段，以及调整的要求都将引起董事会规模大幅度的变化。我国《公司法》规定：有限责任公司设董事会，其成员为三人至十三人；股东人数较少或者规模较小的有限责任公司，可以设一名执行董事，不设董事会。股份有限公司设董事会，其成员为五人至十九人。

**3. 董事会构成**

董事会及其专业委员会的实际结构对于有效的公司治理愈加重要。公司对专业委员会的要求正在不断增加，在环境、合规性、财务、社会责任、特殊的董事会调查，甚至是董事会本身治理等方面的问题上，都要求专门委员会讨论。因此，完善的董事会结构是保证其有序运行的首要因素，能够使公司治理更有活力和效率。

根据《上市公司治理准则》，各专业委员会的主要职责如下。

审计委员会的主要职责是：监督及评估外部审计工作，提议聘请或者更换外部审计机构；监督及评估内部审计工作，负责内部审计与外部审计的协调；审核公司的财务信息及其披露；监督及评估公司的内部控制；负责法律法规、公司章程和董事会授权的其他事项。审计委员会应当了解内部控制和财务报告程序，通过对内部审计部门提供制度和资源保障，使内部审计师能够有效监督公司的日常经营，及时发现和纠正无效的内部控制。美国《萨班斯-奥克斯利法案》（SOX法案）要求审计委员会全部由独立董事构成，我国上市公司的治理准则也要求独立董事主导审计委员会并担任召集人。

薪酬与考核委员会的主要职责是：研究董事与高级管理人员考核的标准，进行考核并提出建议；研究和审查董事、高级管理人员的薪酬政策与方案。董事会的薪酬委员会要制定有利于公司发展的、经得起股东详细审查的管理层薪酬计划。治理质量更高的薪酬委员会可以增加薪酬绩效弹性，但是在快速发展和亏损的企业中以上效应较弱[1]。除了关注高管薪酬与公司当期业绩之间

---

[1] Sun J，CAHAN S F，EMANUE D. Compensation committee governance quality chief executive officer stock option grants, and future firm performance. Journal of banking & finance，2009，33：1507-1519.

的联系外，治理质量更高的薪酬委员会可以增强高管持有股票期权与公司未来业绩之间的相关性[1]。

提名委员会的主要职责是：研究董事、高级管理人员的选择标准和程序并提出建议；遴选合格的董事人选和高级管理人员人选；对董事人选和高级管理人员人选进行审核并提出建议。

风险管理委员会是公司董事会的专门工作机构，负责公司风险的识别、防范措施的制定以及实施，旨在控制公司风险。有关机构 2016 年底开展了一项调研，访谈了 42 个国家的 800 多名董事会成员，超过 40% 的受访者认为他们需要针对风险管理计划和流程开展"大量的工作"。同样比例的受访者表示，主要风险的监管工作变得越来越难，缓慢的经济增长及不确定性、商业模式中断、网络风险、更多的监管审查、投资者对透明度的要求以及政治政策转变，会考验财务报告、合规性、风险和内部控制环境。

## （四）经理层（执行层）

公司治理的第二层委托代理关系中，经理层（执行层）扮演着代理人的角色，由总经理、副总经理、总会计师、总工程师等执行人员组成。经理层（执行层）由董事会提名和选拔，受聘于董事会，对董事会负责，在董事会授权范围内履行职责和承担义

---

[1] Sun J, CAHAN S. The effect of compensation committee quality on the association between CEO cash compensation and accounting performance. Corporate governance: an international review, 2009, 17 (2): 193-207.

务。整个执行机构的负责人是总经理，其主要职权包括：执行董事会决议；主持公司的日常经营活动；经董事会授权，对外签订合同或处理业务；任免经理人员；定期向董事会报告业务情况，并提交年度报告。与之相对应的义务包括：基于董事会委任而产生的义务，即诚信义务和竞业禁止义务；忠实履行股东大会和董事会的决议；督促相关人员造具公司会计表册并签名；申报个人持股情况，并予以公告。

## 二、集团公司与一般公司治理的异同

集团公司作为一种大型企业联合体，必须有一套行之有效的治理机制，以保证其有效运作。首先，集团公司的每一个成员要解决好自身内部的治理问题，协调好出资者与经营者之间的关系。就这一点而言，集团公司的治理与一般公司的治理有相同的一面。其次，集团公司要协调好成员企业之间的关系，发挥集团的整体优势。由于集团公司是多个法人的联合体，各企业有其独立的财产和利益，如何使这些独立的企业协调一致，最大限度减少相互之间的摩擦和冲突，关系到集团公司的运作效率，甚至生存。

集团公司治理与一般公司治理相比，最大差别就是要设计一套控制、协调、激励和约束机制，处理好成员企业之间的关系。这就要求集团的核心企业发挥独特的作用，通过建立资本、人事、技术、组织、业务联系等纽带，将相关企业紧密联结在一起。核心企业要将对成员企业的控制和协调，融于对成员企业自身的治理之中，通过成员企业的治理机制解决内部的委托代理问题，协调其与其他成员企业间的关系，降低企业的市场交易费用及组织内的协调费用。一方面，核心企业通过持有重要成员企业的控股权，借助其股东大会、董事会、监事会等权力机构，对其高层管理者进行监管，使其运作符合集团整体需要。另一方面，通过让这些成员企业拥有独立的法人地位和独立财产，实现产品市场、资本市场和经理市场对其的外部治理。对于与其关系不太紧密的其他企业，主要利用市场的外部治理和长期契约纽带来监管和协调。

## 第二节　法人治理与党组织的有机结合

　　法人治理与党组织有机结合是中国特色的现代企业制度。2015年8月公布的《中共中央、国务院关于深化国有企业改革的指导意见》提出："把加强党的领导和完善公司治理统一起来，将党建工作总体要求纳入国有企业章程，明确国有企业党组织在公司法人治理结构中的法定地位，创新国有企业党组织发挥政治核心作用的途径和方式。在国有企业改革中坚持党的建设同步谋划、党的组织及工作机构同步设置、党组织负责人及党务工作人员同步配备、党的工作同步开展，保证党组织工作机构健全、党务工作者队伍稳定、党组织和党员作用得到有效发挥。"这是对国企党组织发挥政治核心作用的途径和方式的创新。

## 一、党的领导保证了国有企业正确发展方向

党的领导保证了国有企业正确发展方向，保证了党的路线方针政策在企业的贯彻执行。现代企业法人治理结构是现代企业制度特征，是企业竞争力最重要的基础条件，是现代市场经济必不可少的制度安排。企业的价值创造为党的领导提供了重要的物质基础，进一步巩固了党的执政地位。要把党的领导的政治优势与现代企业法人治理结构的制度优势有机统一起来，正确处理企业中的"老三会"和"新三会"之间的关系，即党委会、工会、职代会和股东会、董事会、监事会之间的关系，明确各自职责，发挥各自作用。国有企业党建工作绩效必须体现在促进企业提高效益、促进企业健康发展上，党对国有企业政治领导的全部活动最终要落实到提高企业发展水平上，增强企业的内在活力和竞争实力，实现国有经济整体素质和效益的提高，保证国有经济发展壮大，巩固党执政的基础。

2016年10月，习近平总书记在全国国有企业党的建设工作会议上强调：加强和完善党对国有企业的领导，加强和改进国有企业党的建设。坚持党对国有企业的领导是重大政治原则，必须一以贯之；建立现代企业制度是国有企业改革的方向，也必须一以贯之。中国特色现代国有企业制度，"特"就特在把党的领导融入公司治理各环节，把企业党组织内嵌到公司治理结构之中，明确和落实党组织在公司法人治理结构中的法定地位，做到组织落实、干部到位、职责明确、监督严格。坚持服务生产经营不偏

离，把提高企业效益、增强企业竞争实力、实现国有资产保值增值作为国有企业党组织工作的出发点和落脚点，以企业改革发展成果检验党组织的工作和战斗力。

## 二、"党企合一"治理模式

现代企业法人治理结构是以法制为基础，按照公司本质属性要求形成的，由股东会（股东大会）、董事会、监事会、经理层四个部分组成。建立现代企业法人治理结构是公有制与市场经济相结合的有效途径，有利于国有资本保值增值，有利于提高国有经济竞争力，有利于放大国有资本功能。其中，党的领导是国有企业的独特优势。在推进国有企业改革发展进程中，必须毫不动摇地坚持党对国有企业的领导，毫不动摇地加强国有企业党的建设。

国有企业公司治理的创新是构建"党企合一"治理模式，即在国企形成党组织与公司治理层（包括董事会、执行层和监事会）有机融合的机制，企业党组织成员与企业决策者、管理者和监督者交叉任职。在目前的环境下，这种合二为一的机制无论在理论上还是在实践中都具有合理性和可行性，是完善国有企业公司治理结构的重要措施。

"双向进入、交叉任职"是实现党组织与现代企业法人治理结构有机结合的有效办法。企业党组织班子成员通过法定程序进入董事会、监事会、经理层。董事会、监事会、经理层中的党员依照有关规定和程序进入党组织；经理层成员与党组织班子成员适度交叉任职。建立重大问题决策沟通机制，党组织要加强与董事会、经理层之间的沟通。党组织要坚持和完善民主集中制，健全并严格执行党组织议事规则。党组织成员要强化组织观念和纪律观念，坚决执行党组织决议。

"党企合一"治理模式的构建可以着眼于以下五个方面：（1）公司董事中要包括党员董事。通过党员董事，把党的方针、政策传导到公司决策中。（2）在国有独资和国有控股公司中，党员董事要担任董事长并兼党组织书记。（3）在同等条件下，优先选择党员作为独立董事。（4）在董事会选聘经理班子时，优先选择党员。（5）在选举监事和监事会主席时，应有党员监事候选人。国有控股和国有独资公司可由党员监事担任监事会主席。

在上述设计中，企业董事长兼任企业党组织书记有利于精简机构，提高决策效率，还有利于克服党组织和董事长之间的意见分歧和相互推诿责任，从而使经理人员可以在董事会的授权下大胆开展工作。企业总经理兼任企业党组织书记也是可行的，虽然公司治理理论证明，经理层存在背离股东利益的动机，但如果经理层同时是党组织的负责人，就可以起到约束作用。一方面受到企业出资人的约束，另一方面受到党的纪律约束，这对于企业党组织真正参与企业决策活动，克服决策中的利益冲突和低效率是有益的。

## 三、党的工作与企业的生产经营有机融合[*]

"党企合一"治理模式是基于国有企业特点的现实选择，并

---

[*] 本小节参考国家开发投资公司党组. 国企党务工作实用手册. 北京：党建读物出版社，2017.

非完美无缺。在实施过程中，兼任型的"党企合一"治理模式要注意党务与企业经营的适度分离问题，既不能以党的思想政治工作或企业精神文明代替经营工作，也不能忽视党的基层组织建设，要围绕企业经营这一中心开展党的工作，使党组织的思想政治工作服务于国有企业改革与发展的目标。把服从和服务于企业发展作为企业党建工作的出发点、着力点和落脚点，把党的工作与企业的生产经营和管理有机融合在一起，以企业发展的成果作为检验党的工作成效的主要标准。

## 第三节　集团外派董事管理*

《中共中央、国务院关于深化国有企业改革的指导意见》提出：商业类国有企业按照市场化要求实行商业化运作。充分发挥董事会的决策作用、监事会的监督作用，切实解决一些企业董事会形同虚设、"一把手"说了算的问题。切实落实和维护董事会依法行使重大决策、选人用人、薪酬分配等权利，保障经理层经营自主权，法无授权任何政府部门和机构不得干预。落实董事会建设是国有企业完善现代企业制度的重点。集团公司对下属单位的管理需从行政管理转变为基于股权的公司治理，核心是通过外派董事实现集团管理意图。

---

\* 本节参考国家开发投资公司党组. 国企党务工作实用手册. 北京：党建读物出版社，2017。

## 一、如何派出董事

集团公司可通过在控股公司股东会的控制地位，间接控制控股公司董事会的构成，派出有关人员。下属控股公司的董事构成中，主要包括集团公司派出的董事、其他股东代表和中小投资者代表三个部分。其中，集团公司派出的董事占据着主导地位，这是集团管理意图得以实现的基础（见图 4-3）。

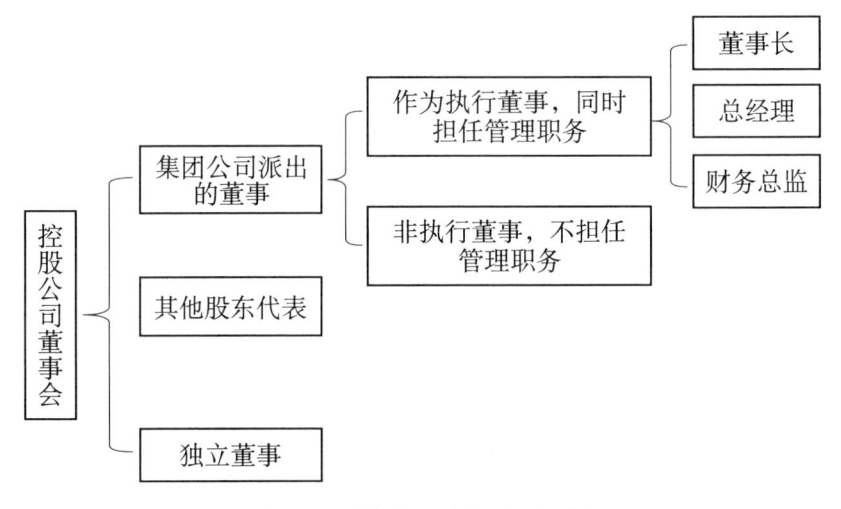

**图 4-3 控股公司董事会的结构**

集团公司所派出的董事既可以是执行董事也可以是非执行董事，下属控股公司的董事长及高层管理人员都可以由集团公司派出的董事担任。集团公司如何派出董事决定了其对控股公司的管控能力。

## 二、派出董事的任用方式和职责

集团公司派出的执行董事主要包括董事长、总经理和财务总监。对于这些执行董事的管理好坏将直接关系到集团对控股公司管理的成败。对于派出的非执行董事而言，主要是起到协助管理的作用，其管理要求要比执行董事低。表4-2给出了集团公司派出的董事的任用方式及职责。

表4-2　　　　　　　　派出董事的任用方式及职责

| 董事类型 | 任用方式 | 职责 |
| --- | --- | --- |
| 董事长 | 由集团公司总经理提名，经集团公司党委会、董事会决定 | 担任控股公司的法人代表，按照《公司法》的规定，负责控股公司董事会工作；向集团公司汇报控股公司的重大经营事项，并经集团公司授权，对控股公司董事会的重大表决事项提出表决意见 |
| 总经理 | 由集团公司总经理提名，经集团公司党委会、董事会决定，下属公司董事会执行聘任 | 履行《公司法》规定的总经理的职责，主持控股公司的经营，经常性地向集团公司汇报控股公司的经营状况；经集团公司授权，对控股公司董事会的重大表决事项提出表决意见 |
| 财务总监 | 集团公司人力资源部会同财务部提名，经集团公司总经理确认，由集团公司党委会、董事会决定，下属公司董事会执行聘任 | 负责控股公司的财务管理，与集团公司财务部保持经常性的协调和沟通，及时向集团公司汇报控股公司的财务状况；及时发现并控制财务风险；经集团公司授权，对控股公司董事会的重大表决事项提出表决意见 |
| 非执行董事 | 由集团公司人力资源部提名，由集团公司总经理确定并报集团公司董事会批准 | 协助实现对控股公司的管理 |

## 第四节　国投专职股权董事管理

多数投资公司总部通过外派兼职董事、总部行使重大事项最终决策权的方式实现对下属公司的管控。国投注重发挥资本纽带作用，通过专职股权董事，做实子公司董事会，将总部代行决策改为股权董事独立决策，并对决策终身负责；激励股权董事深入一线，主动分析行业风险、寻求对策，确保授权"授得下、接得住、行得稳"。

## 一、国投股权董事改革

做实子公司董事会、提高子公司董事会决策能力，是分类授权改革的重要保障。国投推行股权董事改革，加强董事管理，明确股权董事职责，培育、打造一支符合改革发展需要、专业化的子公司董事队伍。总部通过选派子公司董事长、党委书记、纪委书记和专职股权董事，履行出资人职责。国投股权董事改革主要内容如表4-3所示。

表4-3　　　　　　　　国投股权董事改革主要内容

| 一个董事库 | 两个来源 | 三种职责 | 四种能力 |
| --- | --- | --- | --- |
| 建立一支包括专职董事长和行业战略管理、人力资源管理、审计与风险管理专家的专职股权人才队伍；在公司业务相关行业内推荐包括行业领军人物和法律、资本运作、会计或审计专家的独立董事人才队伍 | 1. 总部子公司中高级管理人员及下属投资企业负责人<br><br>2. 社会公开招聘 | 1. 参与董事会决策，根据自身专业，在决策中发表意见<br><br>2. 发现并了解企业潜在风险及日常经营决策信息，对企业管理情况、潜在风险和对策进行评价<br><br>3. 切实贯彻总部战略意图，忠诚敬业 | 1. 战略决策能力<br><br>2. 资源整合能力<br><br>3. 风险把控能力<br><br>4. 沟通协调能力 |

## 二、国投股权董事管理制度

在股权董事管理方面,国投制定了《子公司董事管理暂行办法》《董事库建设方案》《股权董事工作指引》等制度,明晰了股权董事队伍如何建立、如何履职、如何管理和考核(见表 4-4)。

表 4-4　　　　国投股权董事相关制度主要模块内容

| 相关制度 | 《子公司董事管理暂行办法》 | 《董事库建设方案》 | 《股权董事工作指引》 |
| --- | --- | --- | --- |
| 主要模块 | 一、总则 | 一、结构和建设目标 | 一、总则 |
|  | 二、推荐提名 | 二、能力素质要求 | 二、股权董事的主要职责 |
|  | 三、工作职责 | 三、人员产生程序 | 三、参与行业战略委员会的主要职责 |
|  | 四、考核评价 | 四、管理与培养 | 四、参与薪酬与考核委员会的主要职责 |
|  | 五、报酬与奖惩 |  | 五、参与审计与风险管理委员会的主要职责 |
|  | 六、附则 |  | 六、参与提名委员会的主要职责 |
|  |  |  | 七、股权董事履职行为要求 |
|  |  |  | 八、股权董事履职方式方法 |
|  |  |  | 九、股权董事报告制度 |
|  |  |  | 十、股权董事履职能力提升 |
|  |  |  | 十一、附则 |

## 三、国投股权董事评价

根据《子公司董事管理暂行办法》,国投对董事的考核评价共设职业操守、履职能力、履职业绩 3 个一级指标,8 个二级指标,如表 4-5 所示。标准化指标未能涵盖的其他必要内容,均予以开放式评价补充。

表4-5 国投董事评价指标

| 一级评价指标及权重 | 二级评价指标及权重 |
| --- | --- |
| 职业操守<br>(××%) |  |
| 履职能力<br>(××%) |  |
| 履职业绩<br>(××%) |  |

# 第五章　集团责权划分

集团公司的责权体系解决的是组织运营过程中谁做什么，谁来决定哪些人在什么时候怎么样做，以及谁为这些工作负责任等问题。也就是在组织结构总体框架下，对组织内部各单位的管理权限进行划分，明确各层级之间的命令链和汇报关系。

责权体系在集团管控中包括两个维度的内容。一是总部及各子公司法人内部的职能分配，主要是各部门基本职能定位的设计，解决的是集团总部及各子公司内部的横向协调问题，本书第二章已做阐述；二是管理层级的划分、法人（非法人或事业部）地位以及每个层级的功能定位和责任承担等内容，解决的是集团总部与子公司的职责和权利分配问题。

# 第一节　责权划分的理论基础：委托—代理

## 一、法人内部责权划分

委托—代理关系使得公司的所有权和经营管理权相分离。委托人不直接参与经营管理，但对企业的盈亏状况承担直接后果；代理人对企业的盈亏状况不承担直接后果，但拥有公司的经营管理权。这种不对称性弱化了对代理人的行为约束，使其缺乏认真负责、努力工作的压力，进而偏离企业追求利益最大化的目标。委托—代理研究的重点是委托人（如股东）如何通过设计一套有激励作用的控制机制来约束代理人（如经理）的行为，以解决双方利益不一致所产生的代理问题，使代理成本最小化。具体说来，一个公司内部往往存在着两层委托—代理关系：股东（股东大会）与董事会间的委托—代理关系，董事会与公司经理层间的委托—代理关系（见图 5-1）。

### （一）股东（股东大会）与董事会间的委托—代理

股东作为公司的实际所有者，在把资金或财产交给公司时，只保留了股权（收益权和参与决策权），而公司从投资者手中取得了其他权利，从而成为公司财产权的主体。由于股东（组织或个人）不可能全部参与公司的具体管理事务，就需要专门的权力机关即股东大会代表全体股东行使权力。股东大会应当负责企业

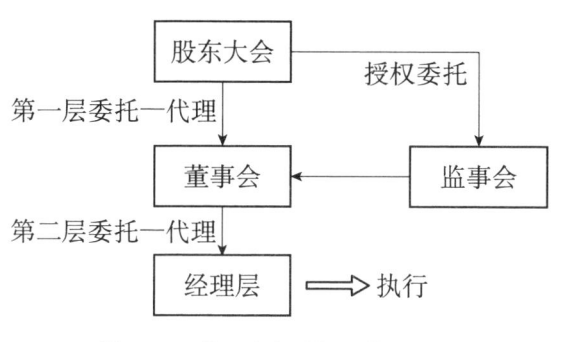

```
        ┌─────────┐
        │ 股东大会 │──授权委托──┐
        └─────────┘            │
第一层委托—代理 │              │
               ↓              ↓
        ┌─────────┐      ┌─────────┐
        │ 董事会  │←─────│ 监事会  │
        └─────────┘      └─────────┘
第二层委托—代理 │
               ↓
        ┌─────────┐
        │ 经理层  │ ⟹ 执行
        └─────────┘
```

**图 5-1　公司内部委托—代理关系**

重大事项的决策，包括：决定集团经营方针和投资计划；选举和更换董事，决定有关董事的报酬事项；选举和更换由股东代表出任的监事，决定有关监事的报酬事项；审议批准董事会的报告；审议批准监事会的报告；审议批准公司的年度财务预算方案、决算方案等。公司（或集团）内的一切机构都应对股东大会负责，必须执行股东大会的一切决定。

董事是股东大会的代表和受托人，董事会是受股东大会信任托管公司业务的重要机构。董事会代表股东对公司的具体经营负责，执行股东大会的决议，在股东大会授权范围内，决定公司的风险投资、资产抵押及其他担保事项，行使股东大会授予的其他职权。由于董事会在公司发展中起着关键作用，因此对董事的选拔要非常慎重，一般由声誉良好的专业人士担当此任。股东与董事会之间的委托—代理关系可以看做一种信托关系。信托关系是委托—代理关系的一种，指基于信任而非报酬或强制措施建立起来的委托—代理关系。

## （二）董事会与公司经理层间的委托—代理

董事会选拔公司中的总经理、副总经理等高级管理人员负责公司的具体经营管理事务，通过合法行使其权力，监督、雇用、辞退及激励高管团队，保护资本权益，以实现股东财富最大化等目标。经理层在董事会授权的范围内拥有对公司事务的管理权和代理权，负责处理公司的日常经营事务。董事会与经理层的责权划分示例如表5-1所示。

表5-1　　　　　董事会与经理层的责权划分示例

| 责权项目 | | 董事会 | 经理层 |
|---|---|---|---|
| 设定公司发展战略和方向 | 长期发展战略及远景规划 | 审批 | 提出并负责 |
| | 确认外部的发展机会和潜在挑战 | 建议并审批（新的经营范围） | 提出并负责 |
| | 确认需关注的内部问题 | 提出并负责 | 提出 |
| 公司重大问题的决策 | 资产/产品组合 | 审批 | 提出并负责 |
| | 联盟战略（包括兼并与收购） | 审批 | 提出 |
| | 融资决策 | 提出并负责 | 提出并负责 |
| | 一定金额以上的重要投资/清理项目 | 审批 | 提出并负责 |
| | 年度经营预算 | 审批 | 提出并负责 |
| | 重大法律事务 | 提出并负责 | 在董事会授权下处理 |
| 确定公司管理机制 | 设计公司组织结构，设定重要管理职位及部门，定义汇报关系 | 审批 | 提出并负责 |
| | 设计公司管理流程 | 审批 | 提出并负责 |
| | 确认公司人力资源政策 | 审批 | 提出并负责 |
| 公司高级管理人员的任命、考核与薪酬 | 公司总经理的聘任或解聘 | 提出并负责 | |
| | 公司总经理的继任计划 | 提出并负责 | |
| | 总经理的业绩考核 | 提出并负责 | |
| | 公司高级管理人员的聘任或解聘 | 审批 | 总经理提出并负责 |
| | 公司高级管理人员的业绩考核 | 审批 | 总经理提出并负责 |
| | 公司高级管理人员的薪酬计划 | 审批 | 总经理提出并负责 |

续前表

| | 责权项目 | 董事会 | 经理层 |
|---|---|---|---|
| 组织激励 | 营造公司内部发展机会，培育企业文化和价值观 | | 提出并负责 |
| | 对具有挑战性和困难的工作进行鼓励和支持 | | 提出并负责 |
| | 发现并宣传优异业绩和成就 | | 提出并负责 |
| 组织沟通 | 与公司投资者和合作伙伴就公司的实力、需求和经营设想进行沟通 | 提出并负责 | 提出并负责 |
| | 与政府和其他行业监管部门就公司的利益和观点进行沟通 | 提出并负责（对政府） | 提出并负责(对各级主管部门) |
| | 对重要客户关系的发展和维护 | | 提出并负责 |
| 裁决/处理重要或有争议的问题 | 对重大责任事故进行处理（例如：人为失职） | 监督 | 提出并负责 |
| | 对下一级的决策进行回应（例如：减少项目投资，对员工解职，等等） | 监督 | 提出并负责 |
| | 协调各部门之间的争议 | | 提出并负责 |
| 经营管理 | 实现业务计划及预算 | | 提出并负责 |
| | 核定业绩指标（非高层干部） | | 提出并负责 |
| | 与高管定期开会，解决日常经营中出现的问题，确保战略举措的优先顺序 | | 提出并负责 |
| | 召开业绩评估会，决定业绩达成应采取的措施 | 提出并负责 | 提出 |
| | 对重大战略/投资决策进行监控，以保证其有效实现 | 审批 | 提出并负责 |

## 二、母子公司法人边界与"再授权"

独立公司具有自己独立的组织边界，即法人边界，其公司决策范围被限定在法人边界内，公司的权利、责任的配置以及治理活动不能超越法人边界。从这个意义来说，独立公司的治理边界和法人边界是一致的。在现实中，子公司的行为存在着与母公司的意志相背离的可能，而母公司要对子公司的行为负责就必须要实现母公司对子公司的有效控制。母公司也可能出于自身的利益或整个集团的利益需要而损害子公司的利益，进而损害子公司其他利益相关者的利益。母公司作为其所控股的子公司的股东，既要使子公司的经营行为符合母公司需求，又要保证子公司的相对独立性，因此，就需要界定子公司董事会自主经营权范围。

根据《公司法》中关于股东大会与董事会之间的权利配置指导规定，原则上应以是否涉及公司产权变动作为经营决策权的分界线。资产变动是公司法人财产的变动，其结果直接影响的是公司利益，也包括所有者、经营者和劳动者的利益；产权变动则是公司出资人权益的变动，其结果直接影响的是公司出资人的利益，如果此类经营决策权下放给子公司，其产权约束将成为一句空话。独立法人间的再授权如图5-2所示。

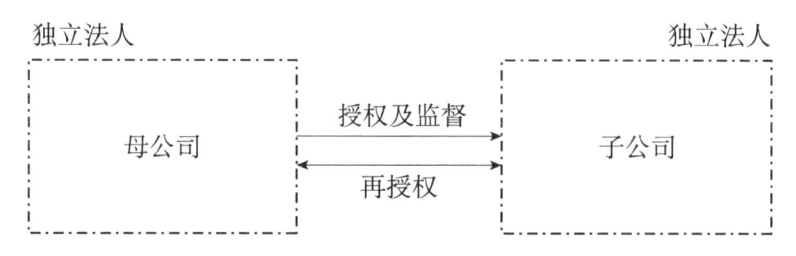

图5-2 独立法人间的再授权

一个典型案例是英国商业投资银行巴林银行的破产。巴林银行曾经是英国贵族最为信赖的金融机构，有着200多年的经营历史，却因为新加坡分行负责人尼克·里森的不当账户操作而破产。里森在未经授权的情况下，以巴林银行的名义认购了总价

70亿美元的日本股票指数期货，并以买空的做法在日本期货市场买进了价值200亿美元的短期利率债券。如果交易成功，尼克·里森将会从中获得巨大收益。但阪神大地震后，日本债券市场一直下跌。巴林银行因此损失10多亿美元，这一数字已经超过了该行当时8.6亿美元的总价值，巴林银行不得不宣布倒闭。在该案例中，巴林银行新加坡分行未经授权的账户操作直接导致了整个巴林银行的毁灭，这与巴林银行集团母子公司之间责权体系划分不清、交易与清算角色混淆脱不开关系。

由于集团的复杂性及信息不对称，集团公司的治理活动可能超越本公司的组织边界，如：改变集团的业务组合并配置相应的资源；制定集团财务、人力资源等方面的政策、制度和标准；建立内部交易机制、整合集团内部架构和管理流程等，以实现集团层面的资金、业务、信息、市场、人力资源等的协同，实现整体利益最大化。这就需要母子公司将原本属于自己法人边界内的一些责权，再授权给上级或下级公司。例如，华为的决策权在"听得见炮声的人"手中，即把决策权交给一线的管理者，不要处处由总部代劳，替一线做决策。子公司项目审批权来源于集团对操作类事项审批权的让渡，子公司与集团职能部门、地区COE（能力中心）"协同作战"。集团职能部门负责提供项目解决方案，COE负责项目决策和运营，子公司董事会负责监控和平衡；各部门在授权体系下相互配合，各自发挥监管职能和决策职能，子公司就不怕"多层指挥"。

## 第二节　集团责权体系与监控

职责体系与权限体系构成集团的责权体系。职责体系明确规定了集团中每一层级、每一部门、每一岗位应承担的职能和任务。权限体系旨在授予各单位履行其相应职责和任务所需的权利，例如投资、人事、财务、采购、营销等各项职能的权利在总部各部门之间以及总部部门和下属子公司各职能部门（或经理层）之间的分配。管控模式所限定的责权分配方式仅仅是一种基本的责权分配方式。在管控体系设计过程中，需要根据集团的实际特点以及具体的战略实施计划来进行相应的调整和修正。

### 一、职责体系划分

集团公司更需要关注集团的战略规划、资产管理、投资管理、财务管理、收购、兼并、人力资源、公关、法律、审计、营销、采购、新业务开发等。相应地，集团公司总部的职责包括但不限于：

● 制定集团公司的发展战略规划，审定子公司的发展战略方案，对子公司贯彻落实集团公司发展战略及发展规划的各项工作进行指导、检查、监督；

● 制定集团公司投资战略，决定集团公司重大投资、融资、技术改造，决定对外经贸合作，决定重大科研与开发项目；

- 建立集团公司财务管理和全面预算管理体系，审核子公司的财务制度与财务预决算；
- 集团公司实行资金统一调度；
- 对集团公司产权登记与界定、运作与变更进行管理，制定资产处理政策、程序；
- 审批子公司重大决策方案和年度经营计划；
- 审批和监督子公司的筹资、投资、抵押和担保业务等；
- 监控子公司经营计划的执行情况、主要经营举措和关键财务指标；
- 建立集团公司派出人员选拔、培养、考核、激励机制，向子公司委派或更换股东代表，推荐董事会、监事会成员；
- 建立集团公司人力资源管理体系，制定集团公司人力资源规划；
- 核定重大组织结构设计和调整，审批子公司章程和重大决策方案；
- 向子公司提供有关法律、税务方面的咨询服务；
- 对集团公司及子公司进行内部审计；
- 统一管理集团公司的知识产权（品牌、技术专利）等无形资产；
- 建设或重塑与集团公司战略相适应的企业文化；
- 处理集团公司外部关系，协调集团公司与子公司之间以及子公司之间的重大关系等。

## 二、权限体系划分

### (一) 权限划分量表

权限体系按照参与管理的程度,可以分为决策权、指导权、执行权和监控权四种,其中决策权的权威性和参与程度最高,而监控权的权威性和参与程度最低。每个管理层次的决策权和经营重点应该有所不同。权限划分量表模板如表5-2所示。

表5-2　　　　　　　　　权限划分量表模板

|  | 集团公司 |  |  |  | 子公司 |  |  |  |
| --- | --- | --- | --- | --- | --- | --- | --- | --- |
|  | 决策 | 指导 | 执行 | 监控 | 决策 | 指导 | 执行 | 监控 |
| 战略管理 |  |  |  |  |  |  |  |  |
| 财务管理 |  |  |  |  |  |  |  |  |
| 投资管理 |  |  |  |  |  |  |  |  |
| 资本运作 |  |  |  |  |  |  |  |  |
| 公关管理 |  |  |  |  |  |  |  |  |
| 人力资源 |  |  |  |  |  |  |  |  |
| 法律职能 |  |  |  |  |  |  |  |  |
| 营销管理 |  |  |  |  |  |  |  |  |
| 技术创新 |  |  |  |  |  |  |  |  |
| 采购物流 |  |  |  |  |  |  |  |  |
| 生产运营 |  |  |  |  |  |  |  |  |
| 行政管理 |  |  |  |  |  |  |  |  |
| …… |  |  |  |  |  |  |  |  |

### (二) 权限划分原则

总体来看,权限体系的划分应当遵循以下两个基本原则:一是可控原则，即各个岗位的权限必须根据该项管理的影响大小和管理频率，在其可控的范围内界定。影响大、责任重且发生管理频率较低的事项决策权更应集中。二是对等原则，即各个岗位的责任应当与其在组织结构和业务流程中所处的位置相对等，各岗位的各类权限亦应与其所负有的上述责任相对等。

权限划分中，责权对等原则尤为重要。我国很多大型国企或央企集团在多元化发展中，通过控股公司将部分业务板块组合上市，从而形成控股公司下有各个业务板块、上有集团公司的组织架构。上市的控股公司的管理层是面向市场和交易所的，要向股东或市场沟通公司未来的计划以及新的战略举措。集团公司之上还有国资委，治理结构层级较多。随着市场环境的日益严峻，股东对企业的要求也越来越苛刻，集团—控股公司—业务板块的决策错位、战略或执行缺位所带来的矛盾逐渐放大。上市公司的业务板块不一定对上市公司董事长汇报，而是直接向集团总部汇报，上市公司管理层处于承担责任却没有权利的尴尬状态。集团是权利主体，责任却在上市控股公司，责权不对等，就很难保持稳定发展。

## （三）决策权限的解构

我国目前营业收入突破千亿元的企业数量正在迅速增加，管理重心下移、去中心化、破除集权命令链正成为预防或医治大企业病的良方。对决策权限的解构是大型组织实现权力有效合理配置的前提。"抓两头、带中间"，关注集团战略、计划，做好预算管理和审计监督，将决策过程下放，形成流程、制度，正是现今集团公司决策权限解构的核心原则（如图 5-3 所示）。例如，通用汽车公司在推行事业部制时，明确将战略决策权集中于公司总部，经营决策权分散到各个事业部。宝钢集团在以控股型结构实施多元产业管理中，以"母公司主要致力于兼并重组、资本运营和结构调整，宝钢股份主要致力于打造钢铁精品基地"作为集团公司与股份公司之间责权划分的原则，使"双层董事会"决策的事项、内容各有侧重。

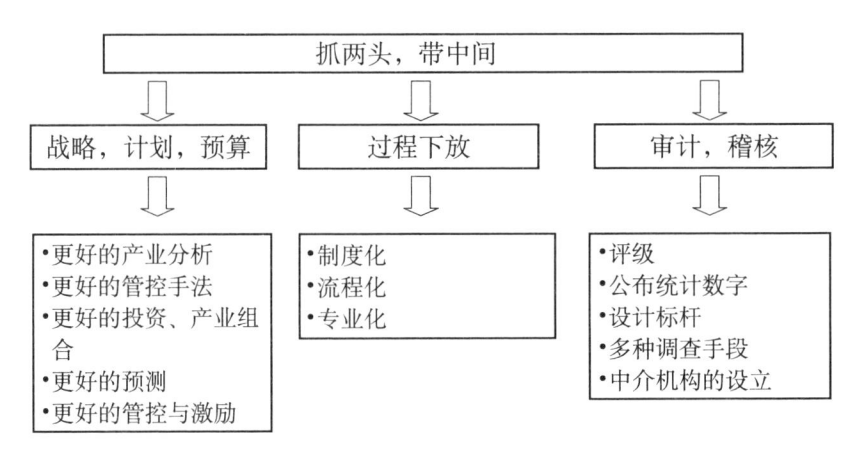

图 5-3　决策权限解构的原则

## 三、集团公司"再授权"规范管理

从规范的角度看，授权的本质是一种契约或合同关系。授权主体和授权客体大都签订了一系列合同或契约。但是，一些授权合同具有某种行政指令性质（如一些国企子公司需要完成某些政策性投资），而不是双方自愿达成的协议。还有部分母公司没有目标责任书，出现管理漏洞。因此，授权程序应该完全公开化，以接受相应的监督，防止暗箱操作。从集团管控的角度看，可以以制度的形式固定下来。德国管理学家马科斯曾说，制度化管理的实质在于以科学确定的制度规范作为组织协作行为的基本机制，能够实现在劳动分工的基础上，明确每个岗位的权利和责任；按照各机构、各层次不同职位权力的大小，确定其在企业（集团）的地位，从而形成一个有序的指挥链或等级系统；以文字形式规定职位特性以及该职位对人的应有素质、能力等要求，通过正式途径来挑选组织中所有的成员。表5-3展示了集团责权划分相关制度文件与主要内容。这些制度文件基本上涵盖了高层领导责权文件、职能部门责权文件、协调报告制度文件、管理工作流程文件等企业运行所必需的制度文件。

表5-3　　　　集团责权体系制度文件与主要内容一览表

| 责权体系制度文件 | 主要内容 |
| --- | --- |
| 高层领导班子工作条例 | 明确公司实行董事长负责制；界定职责；制定董事长、总经理工作流程；制定信息报告、协调沟通制度；明确高层与公司管理委员会之间的关系 |
| 管理委员会工作条例 | 明确管理委员会是公司最高议事机构，为公司下一步改革奠定基础；界定管理委员会职责；制定管理委员会的议事规则；确定管理委员会由董事长、总经理、部分职能部门主管人员组成 |
| 部门职责文件 | 按公司战略对职能部门的定位，明确界定职能部门的责权；明确职能部门在公司各项决策中的参谋责权，并在决策流程中加以界定；明确高管人员对职能部门主要是制定各项政策，不是直接参与管理 |
| 岗位说明书 | 在对部门职责认识达成一致的前提下，建立精干、高效的职能机构；依据部门职能明确界定各部门的岗位职责；编制规范的岗位说明书；确定岗位编制；招聘工作人员 |

续前表

| 责权体系制度文件 | 主要内容 |
| --- | --- |
| 例会制度 | 建立例会标准化制度，明确例会议事规则，包括公司管理委员会会议、公司办公会议、每周例会等；明确例会议案确定程序、参加人员、发言顺序、发言时间及要求；制订例会决议执行监督方式、程序及反馈处理程序；建立各级例会系统配套措施 |
| 报告制度 | 明确信息传递、反馈程序；界定各层次信息需求；明确信息筛选部门职责和信息处理专员；确定信息反馈、监督部门和人员；制定信息传递、反馈的考核方式和程序 |
| 高管层条例 | 界定高管层的工作职责；制定高管层的议事规则；确定高管人员的任职资格；确定高管层的成员构成；确定高管层日常事务的管理规则；明确高管层的业绩考核指标 |
| 总经理工作条例 | 规范公司董事长和总经理的工作分工；界定公司总经理的工作职责；制定总经理的报告制度；制定总经理的业绩考核和报酬制度 |
| 管理工作流程 | 战略管理流程和战略调整流程；年度计划制订、调整、考核流程；年度预算、调整和决算流程；投资项目决策流程；预算内、预算外融资管理流程；财务、会计政策管理流程；会计核算管理流程；人员选拔、任命、考核管理流程 |
| 客户管理流程 | 客户信用评估标准和评估流程；价格决策管理流程；销售合同管理流程；职能业务流程；供应商评价标准和评估流程；采购价格管理流程；采购合同管理流程；供应商管理流程；采购货物验收、检验、入库、出库管理流程 |
| 职能业务流程 | 采购管理流程；销售管理流程；部门、业务员考核管理流程 |

资料来源：王吉鹏.组织运行系列：集团管控.北京：中国发展出版社，2006.

## 四、再授权体系下的控制路径

公司间授权是一种市场行为，但是没有机制和能力保障的授权只会让企业"一放就乱，一收就死"。母公司作为出资人代表，应当通过合法而又符合市场规则的程序实现对子公司的管控。为了确保集团公司运作的有序性和效益性，使集团公司各成员企业的生产经营活动按照母子公司间的"再授权"体系顺利运行，集团公司总部或核心企业必须通过一些路径对其成员企业进行有效的控制和协调。控制和协调的力度又主要取决于总部或核心企业与各成员企业之间的联接纽带。其中，产权纽带是基础。集团公司作为所持股企业的股东，依法享有资产收益、参与重大决策和选择管理者等权利。站在子公司的立场看，集团母公司作为其股东，可以行使"管资产"及其关联的重大决策和重要人事任免等多项权利。但是，以纯粹"管资产"概念来解剖公司治理中的股东权利，难以反映产权联结中母子公司间关系的现实复杂性。在实践中，除了极少数纯粹财务管控型集团外，"管资产"总是会派生出"管人、管事"的需要。母公司通过派出董事，以股东的角色进行股权控制；派出高管在一定程度上控制成员企业人事安排；派出财务总监等进行财务控制；进行严格的审计监督。

## （一）股权控制路径

集团公司在组建时形成的资本纽带是集团公司总部对其成员企业进行控制的基础。企业的控制权依附于其所有权，占有产权份额大者控制权就大。建立以股权为主要联结纽带的集团公司，才能对成员企业进行有效的控制。当然，离开资本纽带，利用契约或行政权力，或许也可实现一个企业对另一个企业的控制或协调，但比起通过资本纽带建立的控制和协调要脆弱得多，也很难持久。在股权控制模式下，母公司与子公司均为独立的法人，在法律意义上是平等的，产权代表是实现控制的常见方式。母公司依法参与子公司的股东大会、董事会及监事会，对子公司的人事任免、财务状况及经营活动等进行监控。

## （二）人事控制路径

集团母公司一级所有者与经营者之间的委托—代理问题及其解决，与一般公司没有多大差别。但在子公司一级，经营者与所有者之间不但存在两权分离所产生的委托—代理问题，而且与集团公司的经营者之间也存在委托—代理问题。母公司的经营者要将其所有者委托的一部分经营权再委托给子公司的经营者，从而使子公司的经营者与其母公司的所有者之间的代理链条拉长，由此所产生的信息不对称、责任不对等和利益不一致，比单一公司更为复杂。

母公司的所有者要解决多层委托下的委托—代理问题，就必须设计更为复杂的治理机制：按照持股数额和《公司法》及集团的章程，任命和控制控股子公司的董事及经理，并由集团公司的经理层对子公司经理层的日常业务进行指导、协调和控制，从而使子公司经理层的产生及运作不单受市场规则的支配，而且通过集团的组织体制，渗透母公司的意志。

以资产为联结纽带组建的集团公司，其干部人事权基本掌握在母公司或核心企业手中。为了确保资产的安全性，集团公司通常有两种人事安排方式：一是由母公司的领导直接兼任子公司或关联公司的重要领导，二是由母公司向子公司或关联公司派遣高级管理人员。各国的政治经济环境和文化传统存在差异，采取的方式也不同。在日本，第一种方式比较普遍；而在美国，集团公司较多采用第二种方式。在我国，上述两种方式都存在。

集团公司对内部不同成员企业的人事控制权也存在差异，主要取决于集团公司与成员公司之间的关系特别是股权联结的紧密程度以及集团战略、管控模式等。对全资子公司，集团公司具有完全的人事控制权；对控股公司，集团公司派遣主要干部控制其经营决策和经营管理，保证对其的控制；对参股公司，集团公司可以通过派遣干部参与其董事会，从而参与该公司的重大决策和对经理人的选择。

### （三）财务控制路径

在集团公司中，处理好成员企业与母公司之间的财务关系是集团公司控制其成员企业的有效手段之一。实行有效的财务控制，可以实现集团公司整体资产的流动性、收益性和安全性等方面的动态优化，特别是保证集团公司资产的安全性。母公司对成员企业的财务控制，主要有实行财务总监制度、成立集团财务公司等方式。其中，财务总监制度起到了至关重要的作用。财务总监是指产权所有者授权对企业整体财务进行专业监督的高层管理人员，由产权控股方推荐，报企业董事会批准，并成为董事会成员。设财务总监的目的主要是保证资产所有者的资产安全和财务信息的准确上传。公司财务部长或主管财务的副经理不得兼任财务总监。我国许多集团公司和国有投资公司均实施了这一制度。在国外，这一制度的采用也较为普遍。

### （四）审计控制路径

在以母子公司为基本构架的股份制集团公司中，母公司对其成员企业的治理是通过对成员企业的经理人员的激励和监督两类方式来进行的。在对经理人进行监督的过程中，为了防止将对经理人的监督演变为对经营权的干涉，监督方式通常采取以查账为主的事后监督方式，可称为企业财务监督。审计是财务监督、控制的主要措施之一，经常性的审计活动对经理层的违法乱纪动机有一定的威慑力。集团母公司必须对成员企业的审计进行有效控制，以保证各种经营数据真实可信。审计的有效性取决于审计人员的专业能力（能否查出违规行为与事实）和审计的独立性（是否报告查出的违规行为与事实）。在假设审计人员具备专业能力和审计的独立性存在的前提下，需要选择与集团公司控制模式相适应的审计控制模式。

由于各国的相关法律及政治、经济环境的差异，以及集团公司控制模式的不同，国际上没有统一的审计控制模式，通常流行的模式有以下三种：

（1）欧洲大陆审计控制模式。以德国为代表的欧洲大陆审计控制模式与"双重委员会制度"相适应。母公司的监事会、董事会分别向控股和参股的子公司派出监事、董事。由母公司的监事会督导子公司的内部审计。

（2）日本审计控制模式。日本的法律规定公司设股东大会、董事会和独立监察人（独立监事）。由母公司独立监察人向子公司派出监事，由母公司的董事会向子公司派出董事。独立监察人独立行使职权，可以随时亲自对企业的相关人员的行为及企业的账务进行审查，督导子公司的内部审计。

（3）英美审计控制模式。英美审计控制模式的特点为：在企业的董事会内部设立审计委员会。审计委员会主要由外部（独立）董事构成，母公司的审计委员会对子公司的内部审计负有督导责任。此外，集团公司还规定，子公司的财务报告必须经过母公司审计人员的审计才能报向母公司董事会。

从以上介绍的审计控制模式中不难看出：每一种审计控制模式都要与具体的治理结构相匹配。欧洲大陆的公司治理结构中设有监事会，审计控制的工作由监事会负责；日本公司治理结构中不设监事会，而被审计的对象多为公司董事会成员，因此，为了保证在形式上审计人与被审计对象的相互独立，采用了独立监察人制度；英美的公司治理结构中虽然也没有设置监事会，但在董事会内部设立了由外部（独立）董事构成的审计委员会。上述三种模式基本上都保证了审计及审计控制与被审计对象的相互独立。就我国集团公司的审计控制而言，可以构建三个层次的监控体系：第一层次是在集团公司监事会内组建审计监控总部，作为集团公司实现出资者监督的职能机构；第二层次是在集团公司董事会下设审计委员会；第三层次是直接参与二级及以下公司的审计监督。

# 第三节　国投的分类授权与大监督体系

## 一、国投的分类授权

按照习近平总书记关于国有企业改革要"着力创新体制机

制，加快建立现代企业制度"的指示，国投按照"一企一策、试点先行"的原则，分类授权，推动子公司成为独立的市场主体。

国投是投资控股公司，业务板块相对多元，二级子公司分布在能源、矿业、交通、高科技、金融、工程设计和承包、贸易等领域。各业务板块发展阶段不同、市场化程度不同、管理要素不同，需要结合各板块特点，按照"一企一策"的原则进行管理。国投将子公司划分为充分授权、部分授权、优化管理三类，分别进行授权，依法落实子公司市场经营主体地位。

## （一）分类评价指标体系

分类评价指标体系选取外部条件、公司治理、人才队伍建设和企业竞争力 4 个维度的 14 个指标，并根据各评价指标和企业市场化运营的关联度明确分值权重。

## （二）按照"一企一策"原则，分类开展授权改革

按照国资委《关于国家开发投资公司改组为国有资本投资公司试点方案的复函》（国资改革〔2014〕1160 号）（以下简称《复函》）明确的"基础产业""前瞻性战略性产业""金融业"三个领域，结合子公司评价情况，国投总部将子公司分为三类：A 类公司经营业绩优良，外部监管到位，内部管理相对规范；B 类公司经营业绩一般，内部管理基本到位；C 类公司还存在一些管理上的弱项，需要进行优化管理。

针对 A 类公司逐步推行充分授权，按照《公司法》相关规定，该管的绝不缺位，不该管的依法放权。针对 B 类公司的不同情况，给予部分授权，推动其建立独立的市场主体地位，提升内部管理水平。对于 C 类公司，明确该类公司的定位和发展方向，调整结构，加强管理，激发企业活力，提升企业竞争力。采用授权清单的形式，在人力资源、战略规划、投资决策、资本运作、产权管理、全面预算、投资分红、融资管理等方面分别进行授权。

**1. 充分授权试点子公司**

为了更好地推进授权改革工作，发挥好试点的示范引领作用，国投相继选择 A 类公司中的国投电力、国投高新进行充分授权改革试点，将产业经营职能下沉，能放的、该放的逐步下放子公司。将选人用人权、自主经营权、薪酬分配权等原来由总部决策的 70 多个事项，分别授权给国投电力董事会、国投高新董事会；将延伸到三级及以下控股投资企业的管理事项，原则上交由国投电力、国投高新依法依规决策，推动决策责任归位和管理责任到位。

**2. 部分授权类子公司**

在国投电力、国投高新授权的基础上，按照"一企一策"原则，对国投矿业、国投交通、国投资本、国投财务、国投资产、电子院、中投咨询、国投贸易、中成集团等 9 家企业，开展分类授权改革。授权内容的主要差异如下：在投资管理方面，根据子公司发展定位及发展实际，授权部分子公司在其各自的主业范围内，对无须总部出资且出资额不超过一定标准（含境外项目）的项目投资进行自主决策。

授权改革激发了子公司的内生活力和发展动力。通过对子公司进行授权，建立了责、权、利能够有效落实，与国有资本投资公司定位相适应，适应市场，激发活力，管理有效，监督到位的体制机制。授权以来，下属子公司明确了决策主体，完善了决策流程和工作流程，积极应对外部环境变化，主动发展的动力显著增强，业务推进明显加快。董事会充分讨论论证的多了，一团和气的少了；股权董事主动深入一线了解情况的多了，坐办公室听汇报的少了；主动分析行业风险，寻求对策的多了，被动听指令的少了；主动与总部职能部门沟通、报告情况的多了，等待职能部门提意见的少了。管理层责任落实更加到位，主动担当意识增强，对总部的依赖意识减弱。员工对工作更加充满激情，干事热情高涨。

以国投电力为例，授权改革后，其活力大增，业务实现重大突破。国投电力董事会在海外收购项目上自主决策。2016年5月，国投电力分别与西班牙雷普索尔公司、马来西亚云顶集团进行股权交割，完成英国海上风电项目、印尼万丹火电项目收购，实现了海外投资零的突破。2017年3月，万丹火电项目一期投产，形成了4亿美元的资产，预计净资产收益率为10%。英国海上风电项目投产后可形成6亿英镑的资产，预计净资产收益率为10%。

## 二、国投的大监督体系

在授权激发子公司活力的同时,总部一定要加强监管,严防国有资产流失。国投按照"集中资源、提高效率、职能明确、责任落实、全面监督、统一归口"的原则,对监督资源进行了整合,形成监督合力;在组织管理、监督实施、结果运用等环节,加强各类监督主体的协同合作,推行大监督体系改革,形成监督工作常态化和闭环管理机制。

### (一) 推行审计集中

针对同体监督偏软问题,国投总部推行审计集中改革,确保"授权到哪儿,监督跟到哪儿"。全集团审计监督权全部上收总部,设立审计中心,子公司原则上不设审计机构。按行业监管要求必须设的,业务服从总部领导,审计负责人以总部考察推荐为主。针对存在问责不到位的问题,强化审计部门向董事会负责的工作机制,设立稽查办公室,加大整改和问责力度。

### (二) 加强监事会监督

推行外派监事会向内设监事会改革,发挥监事会过程监督与审计事后监督的合力作用。总部审计部设审计特派员担任子公司监事会主席,并由内审人员同时担任监事,其有利于运用监事身份开展工作、运用审计方法发现问题,充分发挥二者监督合力。总部审计部管理和服务监事会工作,通过制定《监事管理办法》

和《监事工作指引》，明确细化监事履职要求和规定动作，促进监事会有效履职。通过监事参与审计监督，以及监事会当期监督成果为审计监督进行导航，促进审计监督定位更准、问题挖掘更加深入到位。

## （三）实施协同监督

审计、纪检、监察、巡视、后评价、监事等监督部门统一编制年度监督计划，更加突出公司战略执行、经营管理重点，落实监督环节前移、强调闭环管理要求，增强了监督工作的针对性和实效性。在实施中，重视加强事前沟通、现场实施等环节的沟通协调，形成了多部门协同实施监督的新常态。对同一监督对象，多部门同时协同监督，发挥各自专业优势，变"专科大夫检查"为"全科大夫会诊"；对审计发现的重要问题、重点事项，当即反馈给相关部门；定期组织召开审计监督工作沟通会，通报监督工作开展情况，剖析突出问题。

## （四）实现过程管理

应用"互联网＋"的理念，开发建设国投集团监督工作平台，将监督工作标准、监督内容、质量控制要求、操作流程等内置其中，满足集团各级单位开展各类监督工作的需要，实现对监督全过程的管理，促进监督工作的标准化、规范化，实现监督管理、作业成果共享运用的一体化、系统化。

随着数据量的不断积累，国投运用大数据技术理念，从不同角度、不同层面挖掘分析数据,从中找出企业经营发展中的内在规律、共性问题和发展趋势,增强后续监督工作的针对性,为企业管理提供预警服务。

建立大监督体系后,国投形成了监督工作常态化和闭环管理机制。试点四年来,国投未发生违规经营投资和重大国有资产流失事件,完成了64家集团成员企业和重点监控企业的巡视工作,及时发现和消除企业存在的各类风险隐患,有效保障了企业深化改革、创新发展各类工作的顺利推进。

# 第六章　集团核心管理流程

集团管控是通过组织的责权利、流程制度等体系化设计,保障各单位在良好的机制中受控运行。在集团公司中,区别于业务流程的具体操作性质和直接面向顾客的特点,管理流程贯穿于所有管理活动中,从顶层设计到基层操作管理,从管理活动的计划、组织到检查、评价。集团公司管理流程应当从"面向业务"转向"面向老板",通过其系统、务实的操作设计,提升集团总部管控能力。

管理流程体系以组织流程为本、管理流程为主、业务流程为基,打破了集团公司以职能管理模式强化管控造成的瓶颈。这种整体优化管理的管控思想和模式,优于传统的职能管理线条化思维,在顶层设计上面向企业战略、侧重组织协作、强调管理的整体最优。管理流程体系可使集团公司的总分职责明确、组织效率优化、关键风险把控到位。管理流程体系与传统的职能管理对比如表 6-1 所示。

表6-1　　　　　　　　管理流程体系与传统的职能管理对比

| 管理流程体系 | 传统的职能管理 |
|---|---|
| 面向公司发展战略：基于战略需要，实现集团整体战略 | 面向部门的日常管理：源自部门内部需求，实现专业职能管理 |
| 侧重组织协作 | 侧重组织分工 |
| 强调整体最优 | 强调专业化分工 |
| 运作效率更高，程序清晰明确，责任划分清晰 | 运作效率低，协作性较差，容易各自为政 |
| 关键风险管控到位，效率与管控优化结合 | 关键风险漏洞较多，管控与效率难以兼顾 |
| 可让员工在企业整体管理流程中发挥作用 | 员工由于部门职能限制，只能小范围施展才能 |

# 第一节　核心管理流程概述

## 一、定义

流程是指一系列的、连续的、有规律的行动，这种行动以确定的方式进行，并导致特定的结果。将一个公司的管理工作分解为若干个连续的有规律的环节，并由各个职能部门（或各个岗位）按照确定的方式去完成，这个过程就是管理流程。集团公司流程管理的灵魂是将跨公司、跨部门的工作围绕流程目标展开，实现集团协同作战。核心管理流程不限于单一的功能或者单一的部门，能够贯穿始终地反映经营情况，一般有明确定义的开端（输入）和结束（输出），能够在整个组织中"流动"，与整个集团的管理模式和组织架构相适应。集团公司的核心管理流程一般包括战略管理流程、预算管理流程、人力资源管理流程、投资管理流程、风险管理流程等（如图 6-1 所示），此外还有更加偏向业务流程的信息管理流程、经营考核（绩效）管理流程等。

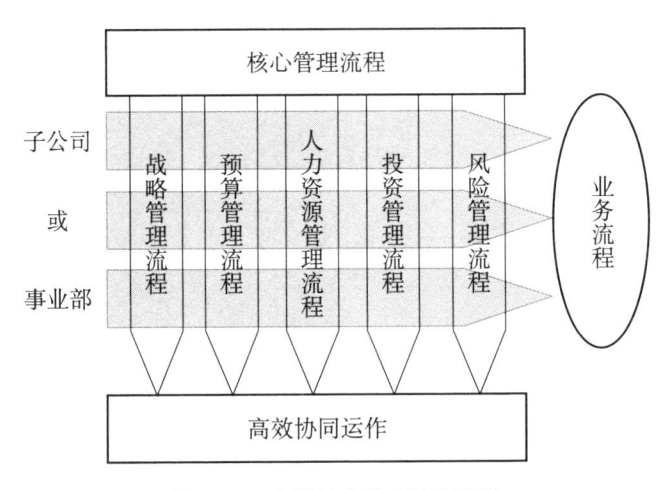

图 6-1 集团核心管理流程概览

## 二、作用

集团公司层级较多，日常工作中可能会出现相关联的部门和岗位工作交叉、互相推诿、行动滞后、工作节奏不一致、责任不清、工作配合度不高、做事没有标准、流程烦琐冗长等问题，影响决策效率和客户满意度。公司的良好运行归根结底靠的是流程，流程的规范性、有效性对组织效率起着重要作用。合理的管理流程能够实现组织设计、业务流程、人力资源、信息技术和基础管理机制的有机结合，并与责权体系和考核激励机制紧密联系，有效地增强员工业务能力和工作态度，迅速形成公司资源共享平台，使公司在经营业绩和各项业务表现方面获得显著和持续的进步。

## 第二节　核心管理流程设计

集团公司管控水平的提升，应基于集团公司整体管理水平的优化。仅仅基于各子公司或业务单元的碎片化的、局部的管理提升，无法实现集团管控的全面优化、整体提高，甚至会成为集团整体发展的阻碍或缺陷。核心管理流程具备一体化设计思想，立足集团管理全局，从顶层设计着眼、于组织管理入手、在基层管理落地，整合管理流程、业务流程，构建出以管理流程及其配套管理制度为基础、以管理控制系统为核心、以组织结构为框架，实现战略导向的集团管控体系。

### 一、核心管理流程设计的关键原则[*]

#### （一）贯穿并落实整体管控思想

无论是在财务管控模式、战略管控模式还是运营管控模式下，设计核心管理流程都应具备全局高度、整体意识，整体布局，系统思考，结合实际，从顶层设计着眼、于组织管理入手、在操作上下功夫，使管理流程结合管控模式、组织优化、实际操作而落实到管理全过程中。

---

[*] 本小节参考刘泽霖.管理流程：集团管控提升之路.中国工业评论，2016（4）：92-97。

## （二）以业务梳理与优化为基础

管理流程来源于业务运作，业务梳理是夯实管理流程建设的基础。在绘制管理流程前，应对集团总部和子分公司、业务单元的经营管理情况进行梳理，理清业务关系，依托业务梳理提炼管理流程。

## （三）风险控制与效率提升相结合

多数人认为，实行流程管理是为了追求效率的提升。但在实际操作中，流程管理更应注重风险控制与运作效率的有机结合。管理学理论早已证实，风险的把控强度与效率成反比，两者的提升强化不可兼得。在管理实践中，可根据具体业务的需要来调整风险管控程度与效率提高幅度的关系，寻求适宜的"投入产出比"，即在风险可控的前提下流程越简洁越好。

## （四）管理培训先行

全新的管理模式、方法和理论以及工具的导入必然有一个接受和适应过程。集团公司应科学安排管理流程体系建设中的各类培训，从大范围的管理理念宣讲到小范围的具体操作指导，使每个员工都明白管理流程对集体和个人的好处，学会使用管理流程工具，积极配合管理流程体系的建设。

## 二、核心管理流程设计的方法

核心管理流程体系建设是一项重要的整体管理变革。为避免流程设计与实际操作不一致，在流程建设中，需要集团公司决策层、管理层、执行层摒弃本位观念，全员参与，通力协作，需要宣传在先、要求到位、考核奖惩跟随，通过从上到下的层层要求、层层落实，由下至上的层层实践、层层反馈，实现设计与实操的契合，达到预期管理效果。在操作过程中，通过共同梳理、讨论业务关系，各部门可以明确业务接口、确认职责分工，员工能从全局角度更清晰地了解本部门的业务内容、业务关系、业务操作方式，从而提升管理能力和执行力度。

制定核心管理流程需要采用一系列工具和方法，核心管理流程图设计和调整工具如表 6-2 所示。

表 6-2　　　　　　　核心管理流程图设计和调整工具

|  | 方法 | 内容 |
| --- | --- | --- |
| 流程问题思考工具 | 5W2H 原则 | 用 WHY、WHAT、WHERE、WHEN、WHO 五个以 W 开头的英语单词和 HOW、HOWMUCH 两个以 H 开头的英语单词进行设问，以发现解决问题的线索、思路，进行思考和构思 |
| 主要设计工具 | 鱼骨图法（因果分析法） | 流程问题分析工具。这种方法通过不断分析流程问题的根源，最终找出根本原因，直至最终形成解决方案 |
|  | 重要性矩阵 | 流程选择工具。流程或流程的结果在矩阵上的位置代表其重要程度以及组织对它们运行的好坏程度的评价，重要程度高、绩效程度低的就是最需要改进的领域 |
|  | 标杆超越法 | 寻找优秀标杆流程进行学习、模仿和超越 |
|  | 时间标记法 | 对流程活动所需时间进行统计，发现流程瓶颈 |
| 主要调整方法 | 消除非增值活动 | 活动间隔<br>重复的活动<br>反复的审批 |

续前表

| | 方法 | 内容 |
|---|---|---|
| 主要调整方法 | 任务整合 | 同一岗位承担多项工作<br>与合作伙伴进行整合 |
| | 简化活动 | 过于复杂的表格<br>过于复杂的技术系统<br>过于专业化分工的程序<br>过于复杂的沟通形式 |
| | 流程任务自动化 | 信息的采集与传输<br>数据的分析<br>数据的应用和反馈 |
| | 增加环节 | 用以规避风险的关键点<br>用以强化控制的关键点<br>有利于提升客户满意度的流程环节 |
| | 重排环节 | 可以减少重复、提升效率的环节<br>可以节约时间、降低成本的环节 |

核心管理流程的设计应更加关注纵向的业务连续性和横向的业务接口。在集团公司的管理中，纵向贯穿集团总部与子分公司，横向连接业务管理部门，纵横两个方面的业务接口易出现管理缺失或责权不清、业务交叉重叠等问题。因此，集团公司的管理流程设计需组织业务管理部门之间、集团总部与下属公司之间进行业务梳理和管理讨论，以健全管理、明确责权，保证管理流程的顺畅、有效运转，提升集团管控效果。

## 三、核心管理流程设计的步骤

集团管理流程的设计应当从集团业务梳理入手，理清集团总部和下属公司、业务单元的经营管理活动，有针对性地设计管理流程和配套制度。

制定核心管理流程的过程可以分为"规划—分析—评估—反馈—调整"五个阶段（如图 6-2 所示）。规划是通过对公司的业务诊断、战略定向，确定企业的经营策略，并逐步形成公司业务架构；分析是指根据业务架构进行能力分析和创建以及验证，进而部署能力应用；评估是在管理业务的过程中，针对部门管理、员工业务能力，评估各项资源的分配是否合理；反馈要求不断地加强部门内部沟通，激励员工大胆地提出建议；调整是指管理流程应用系统绩效的扩展和持续改善，以确保业务操作结构和保障体系能够获得并持续获得应有的成效。

图 6-2　核心管理流程形成步骤

核心管理流程经过流程业务梳理、流程程序优化，以及一定时间的试运行并完善后，应当固化下来，以形成良好的机制。待固化的流程滞后于管理发展实际或管理变革时，可以再次梳理现有及变革后将要实施的业务，优化完善并固化新的流程。集团公司应设立专门部门长期负责流程的建设、协调沟通、跟踪评价、监督考核等工作。通过强化和持续的管理，管理流程体系才能持续优化、高效运转。

## 四、五大核心管理事项

对于集团公司而言，战略管理、全面预算管理、人力资源管理、投资管理和风险管理是五种基本的核心管理事项（如表6-3所示）。

表6-3　　　　　　　　　　五种基本的核心管理事项

| 模块 | 主要内容 |
| --- | --- |
| 战略管理 | 制定集团以及各业务单元和子公司未来3~5年的战略发展目标，包括在哪些市场及如何竞争，以及量化的财务目标及资源需求预测。集团管理层可通过对各业务单元和子公司战略规划的严格质询，指导业务集团和业务中心的战略发展方向 |
| 全面预算管理 | 将战略规划目标转化为详细的全面预算计划，作为公司最高领导和各业务单元领导之间的"管理合同"。公司领导通过对各业务单元经营/预算计划的严格质询和考核，指导各业务单元的经营运作 |
| 人力资源管理 | 管理者的业绩考核计划可确保成功地实施集团战略并发展未来的中坚力量。有效的人力资源管理流程是吸引及保留高素质人才、发挥员工积极性、建立业绩至上的企业文化的重要保证 |
| 投资管理 | 制定严格、明确的投资管理流程，有利于资金的预算、分配、使用以及筹措；使投资活动按标准化的程序高效运作；降低集团整体融资费用和风险，保证全集团资金供应的及时性和有效性，使全集团和各业务单元利益最大化 |
| 风险管理 | 集团围绕总体经营发展目标，在管理的各环节和经营过程中执行风险管理基本流程，建立健全全面风险管理体系，提高风险管理水平，增强抗风险能力 |

### （一）战略管理

战略管理过程是企业为了获取战略竞争力和超额利润而采用的一整套约定、决策和行动。在此过程中，企业首先要对其所处的内外部环境进行分析，以决定其资源、能力和核心竞争力——

战略输入要素的来源，进而形成愿景和使命，并制定战略。有效的战略行动应整合战略规划和执行，产生期望的战略输出。

**1. 战略管理的基本要素**

战略管理过程通常包含四个基本要素，即战略分析、战略制定、战略实施和战略评价（如图6-3所示）。战略分析是指通过资料的收集和整理对组织的内外环境进行分析，其目的是明确"企业目前状况"，评价影响企业发展的关键因素，确定影响战略制定的具体因素。战略制定是指在战略分析的基础上确定企业任务，建立长期目标，选择特定的实施战略，其目的是回答"企业向何处去"。战略实施是将战略转化为行动的过程，主要包括战略启动、战略计划、战略运作、战略控制四个主要阶段。战略评价是以战略的实施过程及其结果为对象，通过对影响并反映战略管理质量的各要素的总结和分析，判断战略是否实现预期目标的管理活动。战略评价一般分为事前评价、事中评价和事后评价三个层次，即战略分析评价、战略选择评价和战略绩效评价。

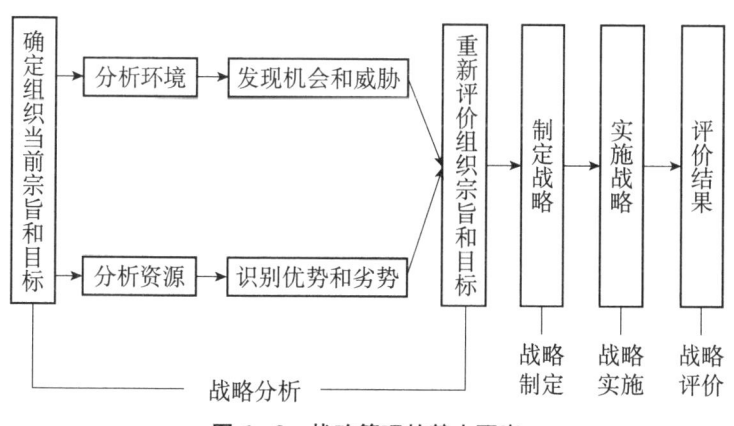

图6-3 战略管理的基本要素

## 2. 战略管理过程的步骤

战略管理过程包含以下步骤：

● 确定组织当前宗旨和目标。管理者必须认真思考公司的产品和服务范围、从事的事业及要达成的目标。

●（1）分析外部环境，发现机会与威胁。环境分析是战略管理过程的关键环节，战略需适应外部环境的变化。管理者应分析公司面临的政策法规、经济发展、社会文化、技术变革等宏观环境，了解市场、竞争等行业状况。环境分析的重点是把握环境的变化和发展趋势，发现机会和威胁，从而制定与之相适应的战略。（2）分析内部资源，识别优势和劣势。无论多么强大的组织，都在资源和能力方面受到某种限制，管理者必须充分利用自身优势、规避劣势。

● 重新评价组织宗旨和目标。

● 制定战略。战略需要分别在公司层面、业务层面和职能层面设立。

● 实施战略。在战略实施过程中，最高管理层的领导能力固然重要，但中层和基层管理者执行的主动性也同样重要。管理层需要通过激励与约束机制确保实现战略目标。

● 评价与调整。战略管理是一个动态循环过程，需在实施过程中进行评价并及时调整。

## 3. 战略管理工具*

战略管理过程的每一个步骤都离不开战略管理工具。战略管

---

\* 本小节参考国家开发投资公司．国有投资控股公司经营管理实务与知识．北京：经济科学出版社，2012：586-589。

理工具是企业家的望远镜和显微镜，是现代企业管理必不可少的要素。图6-4初步展示了战略管理中常用的工具。

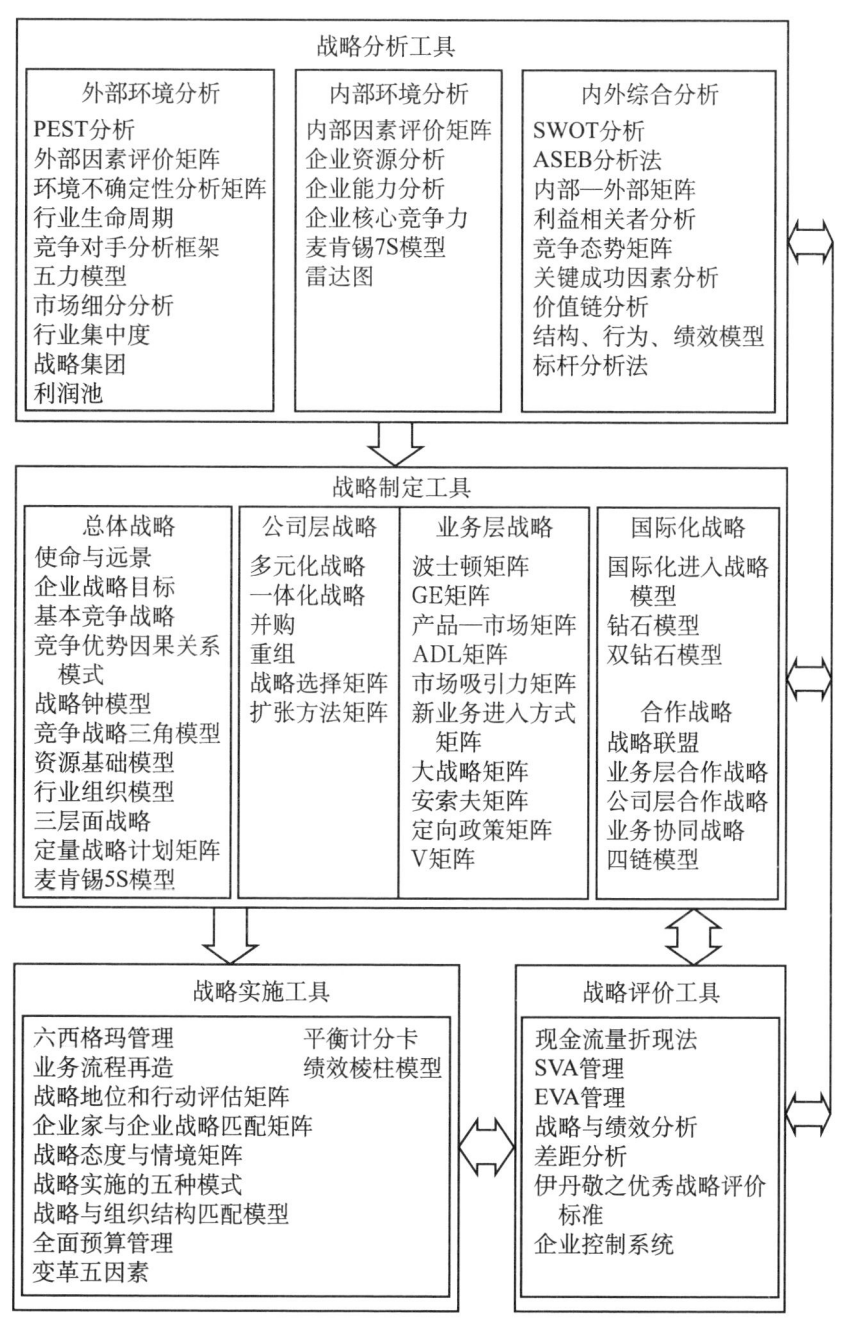

## 战略分析工具

**外部环境分析**
- PEST分析
- 外部因素评价矩阵
- 环境不确定性分析矩阵
- 行业生命周期
- 竞争对手分析框架
- 五力模型
- 市场细分分析
- 行业集中度
- 战略集团
- 利润池

**内部环境分析**
- 内部因素评价矩阵
- 企业资源分析
- 企业能力分析
- 企业核心竞争力
- 麦肯锡7S模型
- 雷达图

**内外综合分析**
- SWOT分析
- ASEB分析法
- 内部—外部矩阵
- 利益相关者分析
- 竞争态势矩阵
- 关键成功因素分析
- 价值链分析
- 结构、行为、绩效模型
- 标杆分析法

## 战略制定工具

**总体战略**
- 使命与远景
- 企业战略目标
- 基本竞争战略
- 竞争优势因果关系模式
- 战略钟模型
- 竞争战略三角模型
- 资源基础模型
- 行业组织模型
- 三层面战略
- 定量战略计划矩阵
- 麦肯锡5S模型

**公司层战略**
- 多元化战略
- 一体化战略
- 并购
- 重组
- 战略选择矩阵
- 扩张方法矩阵

**业务层战略**
- 波士顿矩阵
- GE矩阵
- 产品—市场矩阵
- ADL矩阵
- 市场吸引力矩阵
- 新业务进入方式矩阵
- 大战略矩阵
- 安索夫矩阵
- 定向政策矩阵
- V矩阵

**国际化战略**
- 国际化进入战略模型
- 钻石模型
- 双钻石模型

**合作战略**
- 战略联盟
- 业务层合作战略
- 公司层合作战略
- 业务协同战略
- 四链模型

## 战略实施工具

- 六西格玛管理
- 业务流程再造
- 战略地位和行动评估矩阵
- 企业家与企业战略匹配矩阵
- 战略态度与情境矩阵
- 战略实施的五种模式
- 战略与组织结构匹配模型
- 全面预算管理
- 变革五因素
- 平衡计分卡
- 绩效棱柱模型

## 战略评价工具

- 现金流量折现法
- SVA管理
- EVA管理
- 战略与绩效分析
- 差距分析
- 伊丹敬之优秀战略评价标准
- 企业控制系统

**图6-4 战略管理工具**

## （二）全面预算管理

全面预算管理是企业为了实现一定时期内的经营目标和战略规划，按照一定的程序，将自身所有的经营活动都纳入预算规划，把发展战略目标层层分解，下达到各个单位，以一系列的预算、控制、协调、考核为内容建立一整套科学完整的数据处理系统，对各个单位分工负责的经营活动全过程进行控制和管理，对实现的业绩进行考核与评价。实施全面预算管理是防范风险、评价企业经营业绩、实现企业目标的重要手段。对集团公司而言，预算控制具有重要意义：（1）有助于集团对成员企业的控制；（2）有助于集团战略目标的实现；（3）有助于协调成员企业间的利益关系；（4）有助于对成员企业经营业绩的评价；（5）有助于提高集团经营效率。

### 1. 预算管理类别

集团的预算管理主要包括经营预算、资本预算、财务预算、长期投资预算、筹资预算等。经营预算是反映预算期内企业可能形成现金收付的生产经营活动的预算，一般包括销售或营业收入预算、生产预算、制造费用预算、产品成本预算、营业成本预算、采购预算、期间费用预算等，企业可根据实际情况具体编制。各子公司和职能部门按照董事会批准的年度目标、管理制度，分别编制相应的业务计划，如经营计划、生产计划、组织管理计划等，并据以估算相应的业务收入和支出预算。同时，各职能部门按其管理职责，对各业务支出计划中的费用项目进行分类，形成归属该职能部门管理的各项费用预算。

资本预算反映集团公司关于固定资产的购置、扩建、改造和更新、资本运作的情况，包括企业投资的时点、额度、收益确认、回收期、筹资和现金流。资本预算应当力求和企业的战略以及长期计划紧密联系在一起。

企业财务预算应当围绕企业的战略要求和发展规划，以业务预算、资本预算为基础，以经营利润为目标，以现金流为核心进行编制，主要以财务报表形式予以充分反映。财务预算主要包括四方面内容：一是现金预算，反映计划期内集团公司预计的现金收支情况；二是利润表预算，综合反映集团公司在计划期间生产经营的财务情况并作为预计企业经营活动最终成果的重要依据，是企业财务预算的重点；三是预计资产负债表，反映集团公司在计划期末要实现的资产质量状态；四是现金流量预算，反映企业在计划期内的现金流。

### 2. 预算管理程序

全面预算管理从本质上来看是一个管理控制过程，控制手段是预算。上级通过预算将下级所必须完成的指标及任务量化，并以此对下级的工作进行监督和考核，督促下级完成预算指标及任务。全面预算管理方法可将经营目标具体量化到各个部门和个人，便于对经理人和员工的工作进行监督和考核。全面预算管理有着一套科学系统的工作程序，具体可分为以下几个步骤。

- 制定具体的预算目标，并将其量化成具体的经营指标；
- 通过上下级的协商合作制定预算草案；

● 按照相关程序审查、检验和通过全面预算；

● 将全面预算在企业内部各部门全面推行；

● 对预算执行过程实行全面监督和控制；

● 对预算执行过程中发生的错误进行检测和考核，并及时采取有力措施纠正；

● 编制反馈报告，将反馈报告与预算进行对比；

● 对各部门预算执行情况进行考核和奖惩。预算考评在全面预算管理中处于关键地位，如果没有足够刚性的考评措施，管理者就会缺乏足够的手段来推进全面预算管理。

## （三）人力资源管理

人力资源管理，是运用科学方法，协调人与事的关系，处理人与人的矛盾，充分发挥人的潜能，使人尽其才、事得其人、人事相宜，以实现组织目标的过程，是人力资源的获取、整合、激励及控制调整过程。

人力资源管理包括职务分析与设计、人力资源战略规划、员工招聘与选拔、绩效考评、薪酬管理、员工激励、培训与开发、职业生涯规划、人力资源会计、劳动关系管理等。

● 职务分析与设计。通过分析企业各个职位的性质、结构、责任，以及胜任该职位的员工所需的素质、知识、技能、学历等相关信息，编写出职务说明书和岗位规范等人事管理文件。

● 人力资源战略规划。把企业人力资源战略转化为中长期目标、计划和政策措施，包括人力资源现状分析、未来员工供需预测与平衡，确保企业能获得所需要的人力资源。

● 员工招聘与选拔。根据人力资源规划和职务说明书，为企业招聘、选拔所需要的人力资源并录用安排到一定岗位上。

● 绩效考评。对员工在一定时间内对企业的贡献和工作中取得的绩效进行考核和评价，及时作出反馈，以便提高和改善员工的工作绩效，并为员工培训、晋升、计酬等人事决策提供依据。

● 薪酬管理。包括对基本薪酬、绩效薪酬、奖金、津贴以及福利等薪酬结构的设计与管理，以激励员工更加努力地为企业工作。

● 员工激励。采用激励理论和方法，对员工的各种需要予以不同程度的满足或限制，引起员工心理状况的变化，以激发员工向企业所期望的目标努力。

● 培训与开发。通过培训提升员工个人、团队的知识、能力、工作积极性和工作绩效，提高人力资源的贡献率。

● 职业生涯规划。鼓励和关心员工的个人发展，帮助员工制定个人发展规划，以进一步激发员工的积极性、创造性。

● 人力资源会计。与财务部门合作，建立人力资源会计体系，开展人力资源投资成本与产出效益的核算工作，为人力资源管理与决策提供依据。

● 劳动关系管理。协调和改善企业与员工之间的劳动关系，营造和谐的工作氛围，保障企业生产经营活动的正常开展。

人力资源管理流程示例如图 6-5 所示。

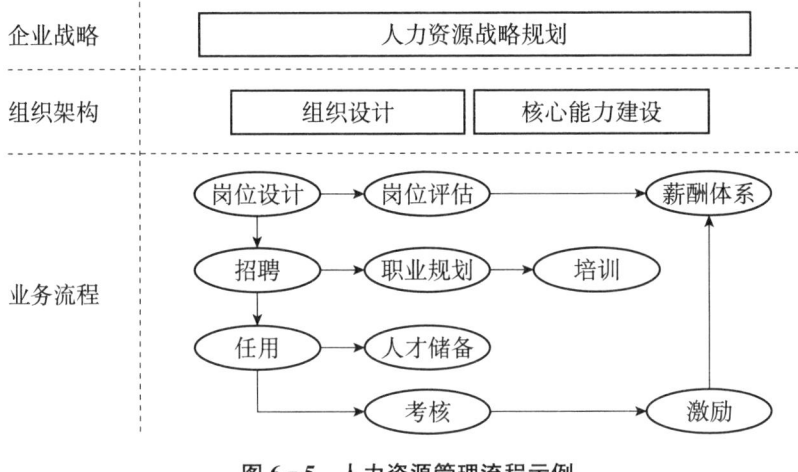

图 6-5　人力资源管理流程示例

## （四）投资管理

以往大型集团公司的投资管理存在"重立项、轻过程"的误区，不仅可能导致项目失败，而且可能影响集团整体协同发展。集团投资管理流程的设置能够确保集团投资管理工作有序开展，提高投资管理工作效率，有效防范投资风险，促进集团公司资产经营与资本运营的"双轮驱动"。投资管理一般可分为项目投资管理和金融资产投资管理两个方面。

### 1. 项目投资管理

项目投资是在特定时间和空间范围内，经济单位合理利用各种生产性与非生产性资源，以取得预期综合效益的全部投资活动。

项目投资管理决策流程示例如图 6-6 所示。

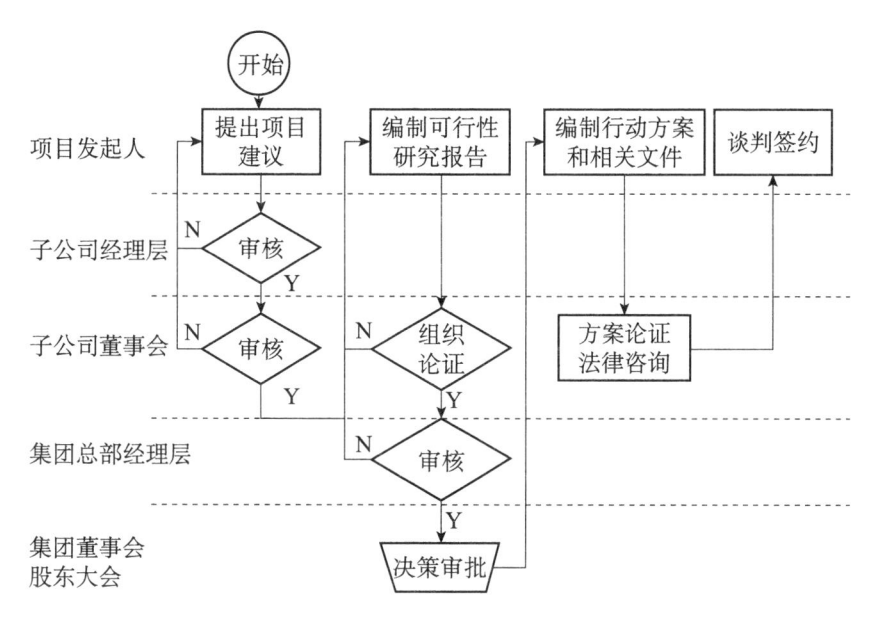

图 6-6　项目投资管理决策流程示例

投资管理最为重要的一环是对项目进行必要性评估和可行性评估。必要性评估是针对所确定的建设目标，采用定性或定量或二者结合的分析方法，重点审查、分析和评价投资项目生产出的产品或提供的服务能否得到社会承认，这是投资项目能否实施的先决条件。可行性研究是根据市场需求、国民经济和社会发展规划、地区规划、行业规划的要求，对项目在技术、工程和经济上是否合理可行进行全面分析论证，做多方案的比较和评价，为项目投资决策提供可靠的依据。

## 2. 金融资产投资管理

金融资产的投资是指投资者（法人或自然人）通过买卖有价证券、外汇、黄金与金融衍生品等资产，以获取红利、利息及资本利得等控制权收益的投资行为和投资过程，是为达到一定预期目标而投资资本的行为。金融资产投资管理流程包括五个步骤：确定投资目标；制定投资政策；选择投资组合策略；选择资产；衡量与评估。

## （五）风险管理

风险管理是企业基础管理工作和日常经营管理活动的重要内容。全面风险管理应与其他职能管理工作紧密结合，相互协调、相互促进，共同构成科学合理的有机整体，共同服务于企业总体经营发展目标，把风险管理的各项要求融入企业管理和业务流程中。集团公司开展风险管理流程工作应基于集团现有的管控机制，将全面风险指标按照流程的关键风险控制点分解到各层级及各职能部门，形成完善的风险管控机制。风险管理基本要素主要包括以下几个：风险初始信息收集、风险识别、风险评估、风险应对、风险管理的监督与改进，如图 6-7 所示。

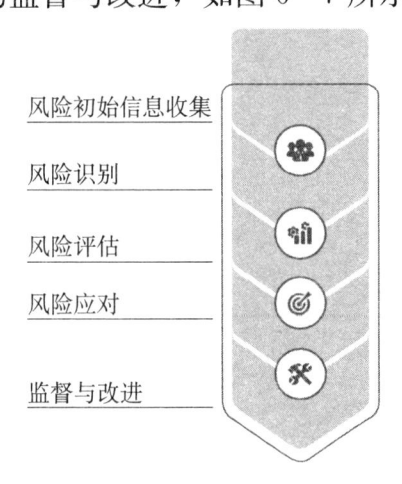

图 6-7 风险管理基本要素

企业应按照风险分类和分层管理的要求，制定开展全面风险管理的总体规划，统筹兼顾，循序推进。在开展全面风险管理的起步阶段，可选择战略规划、投资决策、资金保障、安全生产、工程建设、市场营销、人力资源、监察审计、法律事务等一项或多项业务深入开展风险管理工作，建立单项或多项风险管理和内部控制子系统；通过积累经验，培养人才，逐步建立起全方位、全过程、全员参与的全面风险管理体系。

## 第三节　国投的流程管理体系

### 一、流程管理体系概述

从 2003 年起，国投开始实施流程管理，构建以流程控制为核心的内部控制和风险管理体系。经过实践，国投建立并逐步完善了流程体系，通过流程的有效运行强化了对决策过程的控制，降低了决策风险，提高了投资效益。流程管理为国投的持续、快速、健康发展提供了有力的制度保障。

国投将流程分为业务流程和管理流程。业务流程按照资本运作的三个阶段分为投资决策流程、监管流程、退出决策流程三个主流程及其相对应的子流程，其中，重大经营决策包含在监管流程中，子流程与主流程共同构成国投的业务流程体系。预算管理、人力资源管理、审计、档案、信息、规划等支持性管理活动的流程构成管理流程体系。投资决策流程是对投资业务活动过程的实体性规定和程序性规定，包括投资决策主流程和应急子流程及前期子流程。2005 年 6 月，根据国家投资体制改革的变化，前期子流程合并入投资决策主流程，并根据核准制的要求，将投资决策主流程划分为核准类项目投资决策、非核准及并购类项目投资决策、业主招标类项目投资决策三种情况。

监管流程是对投资决策后项目管理和投资企业监管业务活动过程的实体性规定和程序性规定，包括项目管理流程（对投资决策后执行决策、建立项目企业、建设项目直到竣工投产的一系列业务活动的规定）、日常监管流程（以出资人身份对正常经营的投资企业的重大经营决策行使权利所做的国投内部实体性和程序性规定）及董事会流程（配合监管流程，对国投派出董事参加董事会、行使表决权等事项做出的国投公司内部规定）。与监管流程配套的管理规范还包括监控重点项目规定、重点项目月度调度制度、加强安全生产管理办法等。退出决策流程是对退出投资业务活动过程的实体性和程序性规定，包括退出决策主流程和应急子流程。

为适应流程管理的需要，国投调整了决策管理的组织机构，根据业务选择、投资决策和经营管理工作的需要，按照业务系统与支持系统分开、强化监管与服务的原则，重新整合了经营单位，调整了职能部门，建立了职责明确、适应流程控制需要的组织机构。

## 二、制度示例与关键流程图

制度示例见表6-4、表6-5、表6-6。

表6-4　　　　　　　　战略管理流程与制度文件

| 战略管理 |||
|---|---|---|
| 编号 | 名称 | 制度文件 |
| 1 | 情报资料管理流程 | 《战略管理流程及制度》 |
| 2 | 战略规划制定流程 | 《战略管理流程及制度》 |
| 3 | 战略质询流程 | 《战略管理流程及制度》 |
| 4 | 战略回顾与规划调整流程 | 《战略管理流程及制度》 |

表6-5　　　　　　　　投资管理流程与制度文件

| 投资管理 |||
|---|---|---|
| 编号 | 名称 | 制度文件 |
| 1 | 项目投资/退出流程 | 《投资管理流程及制度》 |
| 2 | 投资项目后评价管理流程 | 《投资项目后评价管理流程及制度》 |
| 3 | 投资指导原则 | 《投资管理流程及制度》 |
| 4 | 项目投资/退出有关规定及流程 | 《投资管理流程及制度》 |
| 5 | 项目文案编写指引 | 《投资管理流程及制度》 |
| 6 | 投资项目后评价工作细则 | 《投资项目后评价管理流程及制度》 |

表6-6　　　　　　　　单位绩效考核流程与制度文件

| 单位绩效考核 |||
|---|---|---|
| 编号 | 名称 | 制度文件 |
| 1 | 经营单位业绩年度考核流程 | 《经营单位业绩管理流程及制度》 |
| 2 | 职能部门年度绩效考核流程 | 《职能部门绩效考核制度》 |

关键流程图见图6-8、图6-9、图6-10、图6-11、图6-12。

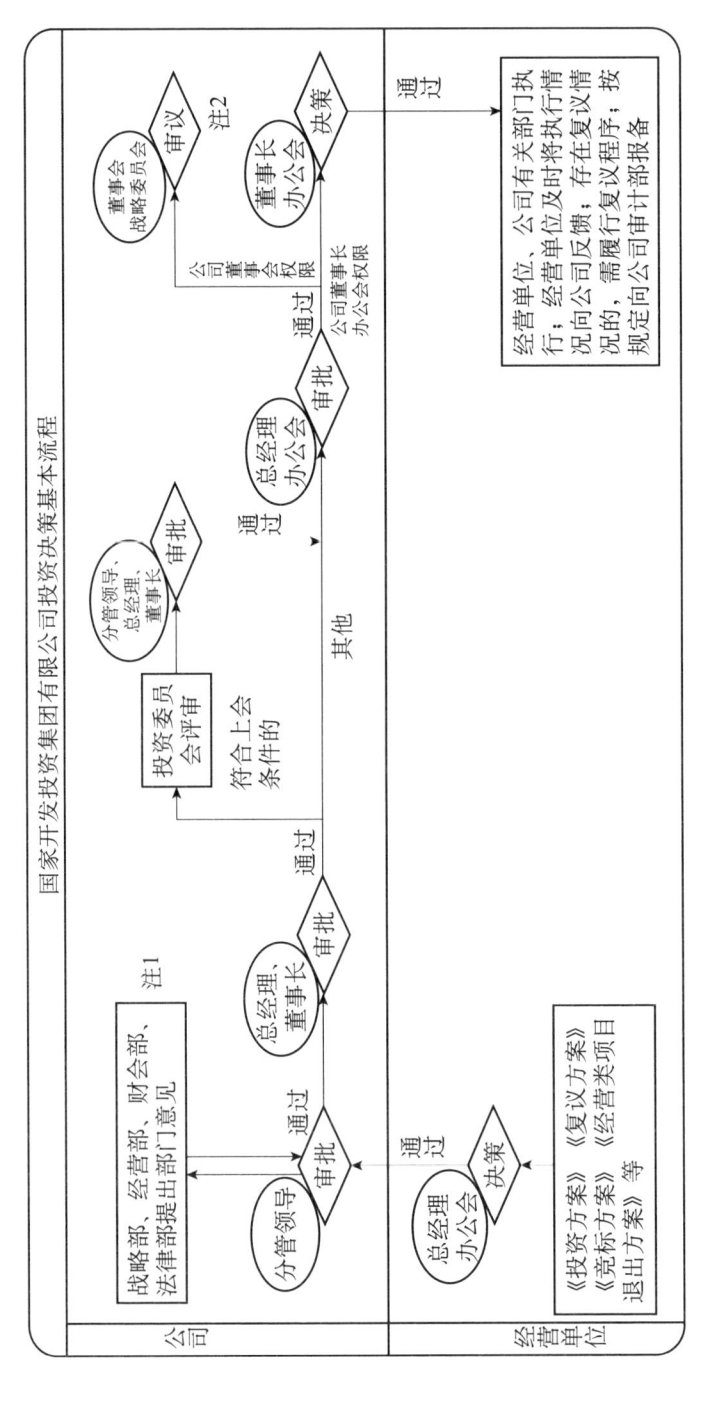

**图6-8 国投投资决策基本流程**

注1：对于《竞标方案》，公司分管领导指示成立由经营单位牵头、公司相关职能部门参加的竞标协调小组，公司相关职能部门派出成员的意见，即代表部门意见。

注2：董事会战略委员会按照董事会的要求提出审议意见或建议并提交董事会。

说明：凡任一决策环节未获通过的，则放弃或进一步澄清。

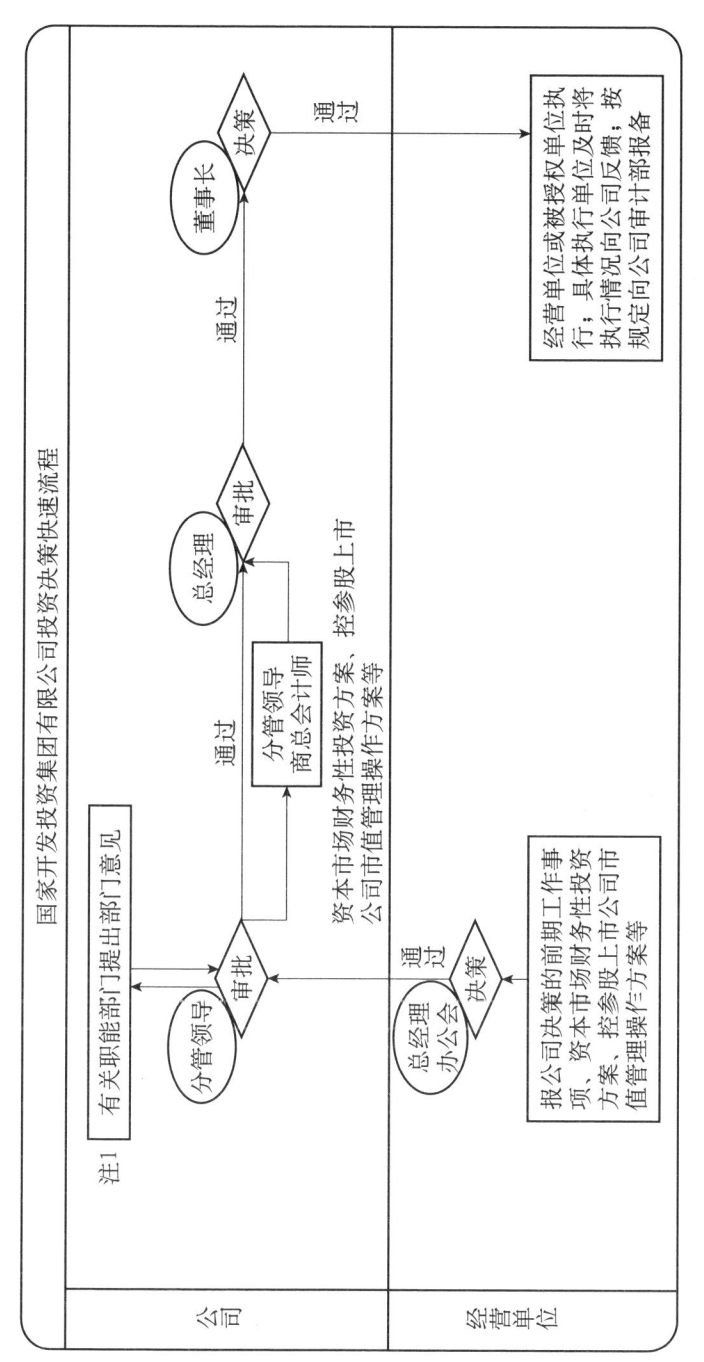

图6-9 国投投资决策快速流程

注1：公司分管领导依事项视情批至有关职能部门。
说明：凡任一决策环节未获通过的，则放弃或进一步澄清。

第六章 集团核心管理流程 | 131

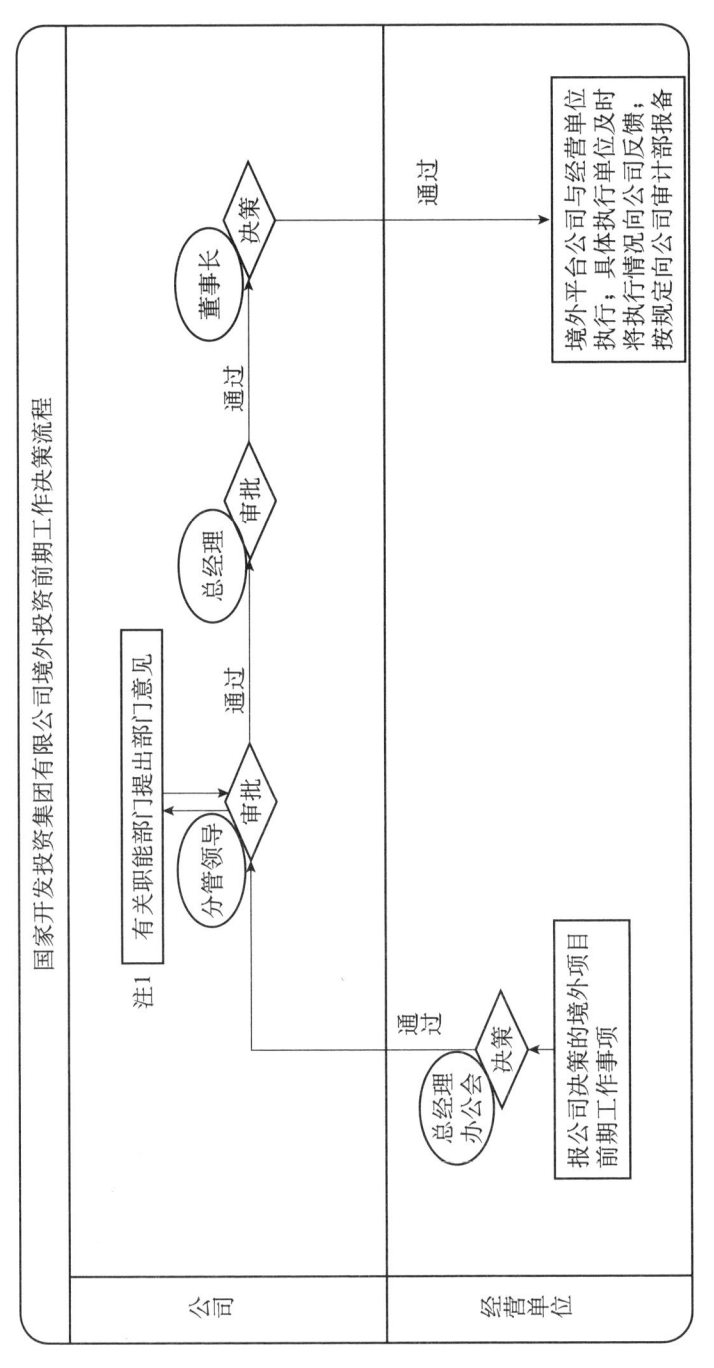

**图6-10 国投境外投资前期工作决策流程**

注1：公司分管领导依事项视情况批至有关职能部门。

说明：凡任一决策环节未获通过的，则放弃或进一步澄清。

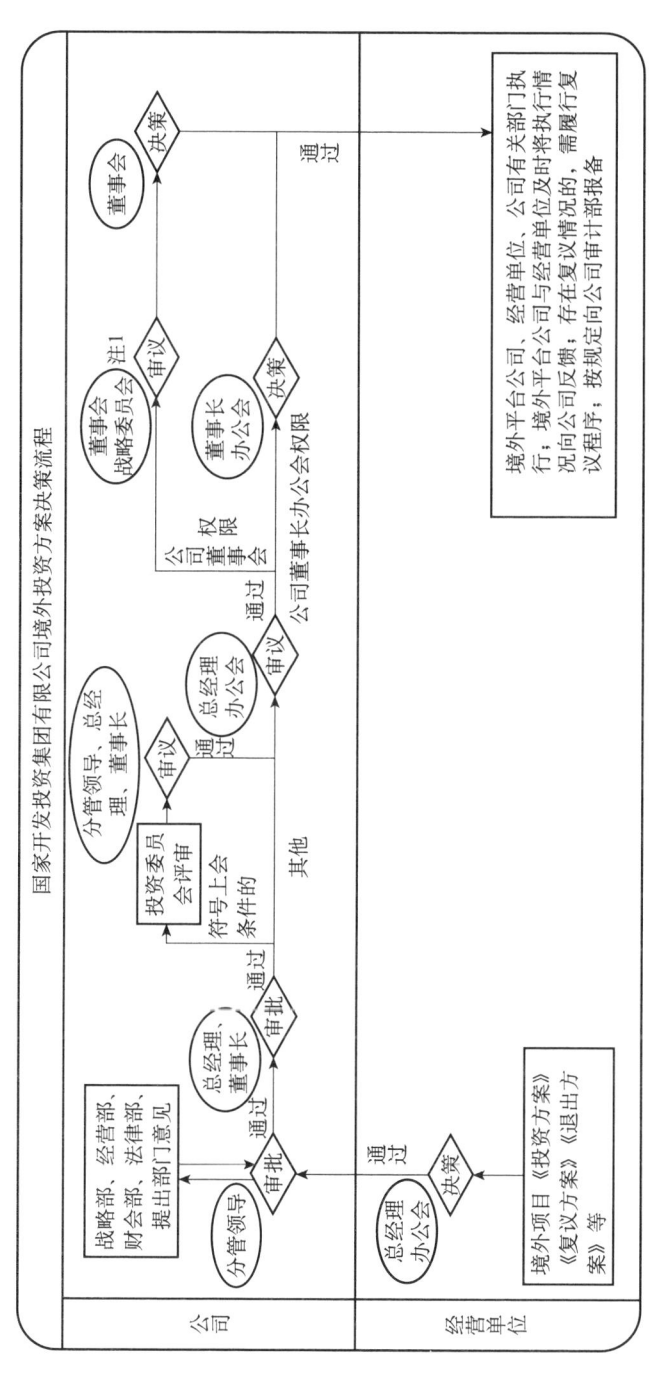

图6-11 国投境外投资方案决策流程

注1：董事会战略委员会按照董事会的要求提出审议意见或建议并提交董事会。

说明：凡任一决策环节未表决通过的，则放弃或进一步澄清。

第六章 集团核心管理流程 | 133

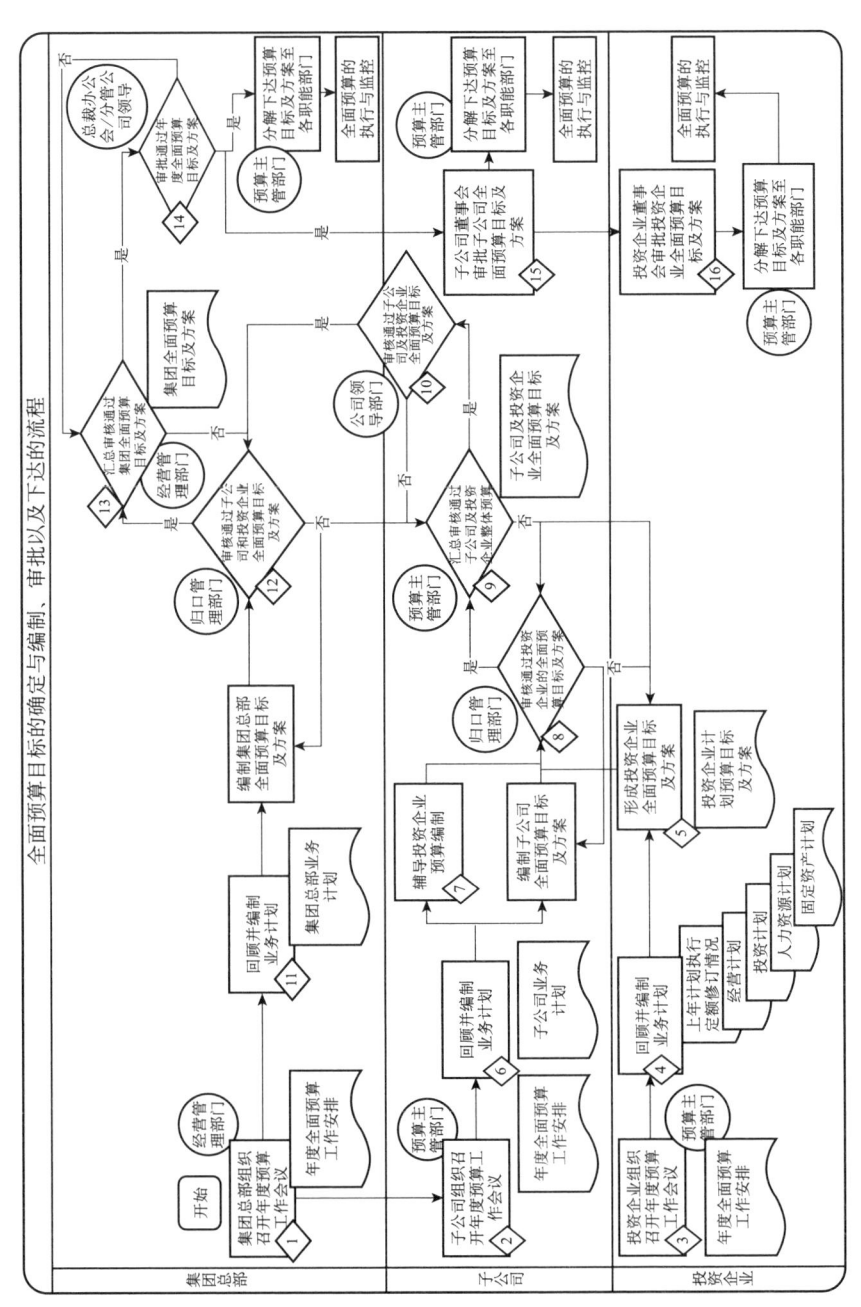

图6-12 全面预算目标的确定与编制、审批以及下达的流程

# 第七章　集团下属公司业绩评价

下属公司业绩评价可促成集团战略目标的实现，保证集团资产保值增值；可监控各子公司经营运作、规范管理，防范财务风险；可激发积极性，保证集团良好运营。

## 第一节　业绩评价方法与管理流程

### 一、业绩评价方法

集团公司应当结合自身情况，设计既具有普遍适用性又体现各子公司业务特点的业绩评价体系。主要的业绩评价考核方法有：关键业绩指标（KPI）考核、平衡计分卡（BSC）业绩考核、经济增加值（EVA）业绩等。

#### （一）关键业绩指标考核

关键业绩指标（KPI）考核方法是目前企业进行绩效管理最

常用的一种模式。作为企业战略目标的分解，KPI 的制定能够有力地推动企业战略在各个部门和单位的执行，使企业各级人员对工作职责要求有更明确的认识，确保努力方向具有一致性，为绩效管理提供了可衡量的、透明的和客观的基础，反映了关键经营活动的绩效，从而可以帮助全体员工集中力量解决对企业战略具有主要驱动作用的问题。通过测算和回顾关键绩效指标的执行结果，管理人员能清晰地掌握经营过程中的关键绩效参数，及时发现存在的问题，并采取行动予以改进。

KPI 的定义有广义和狭义之分。狭义的 KPI 主要是通过对组织及个体关键绩效指标的设立，在层层分解量化的基础上，建立关键绩效指标体系，从而获得个体对组织所做贡献的评价依据，实现对组织重点活动及其核心效果的直接控制和衡量。广义的 KPI 是通过提取公司成功的关键因素，利用目标管理的方法，将其分解和传导到基层单位，从而确保公司战略目标实现的一种绩效管理方法。

关键业绩指标可分为定量指标和定性指标两大部分。其中，定量指标部分包括财务指标和服务/经营运作指标，定性指标包括与业务发展战略相一致的软性参数等。指标应反映关键重点经营行动，而不是所有的操作过程。可量化的 KPI 使得企业在进行绩效考核的时候更加方便，考核流程和考核制度更加明朗，更能得到员工的认可。

KPI 在集团绩效管理中主要有以下四个步骤：首先是分解和细化集团战略目标；其次是确定绩效管理过程中可以控制的部

分；再次是测量集团下属企业主要的经营活动和关键的业务流程，而不是对全过程进行测量；最后是确定集团各级人员均认同所设定的关键指标。关键绩效指标必须易于取得可靠和公正的数据，并且有明确的定义和计算方法，同时指标能有效进行比较和量化，即通过指标能正确区分出绩效的优劣。

## （二）平衡计分卡业绩考核

20世纪80年代末到90年代初，西方学者和企业逐渐发现，传统的以财务为单一衡量指标考核企业经营绩效的模式存在以下两方面缺陷：第一，传统的单一财务评价指标关注有形资产的管理和考核，忽视了人力资本和无形资产的考核与管理；第二，传统的财务管理模式主要应用于以投资促成长的工业时代，而不能有效满足信息时代的要求。在工业化时代，通过提高企业的生产能力和改善与顾客的关系，即可提高绩效。在信息时代则不同，输出的个性化导致转化过程多样化，因此需要企业适应多方面的要求，才能提高企业的绩效。由于传统的单一财务评价模式的局限性，西方理论界开始研究综合绩效评价指标体系，将财务指标和非财务指标相结合进行绩效管理。平衡计分卡（BSC）在此背景下形成与发展。

平衡计分卡是将企业的战略落实到可衡量指标和目标值上的一种绩效管理方法，它能使企业运营有效地服务于财务目标，同时关注能力的成长和进步，并开发对未来成长有利的无形资产。它使高层管理人员从财务、客户与市场、内部运营、学习与成长四个角度平衡企业的战略，分析它们的相关性及其联系，并根据对目标值结果的跟踪分析，及时发现问题并调整战略、目标和目标值，建立战略实施的框架。平衡计分卡克服了传统绩效考核以单一的财务指标为考核重点的局限性，兼顾了客户与市场、内部运营、学习与成长三个方面，以更好地提高企业绩效。平衡计分卡模型如图7-1所示。

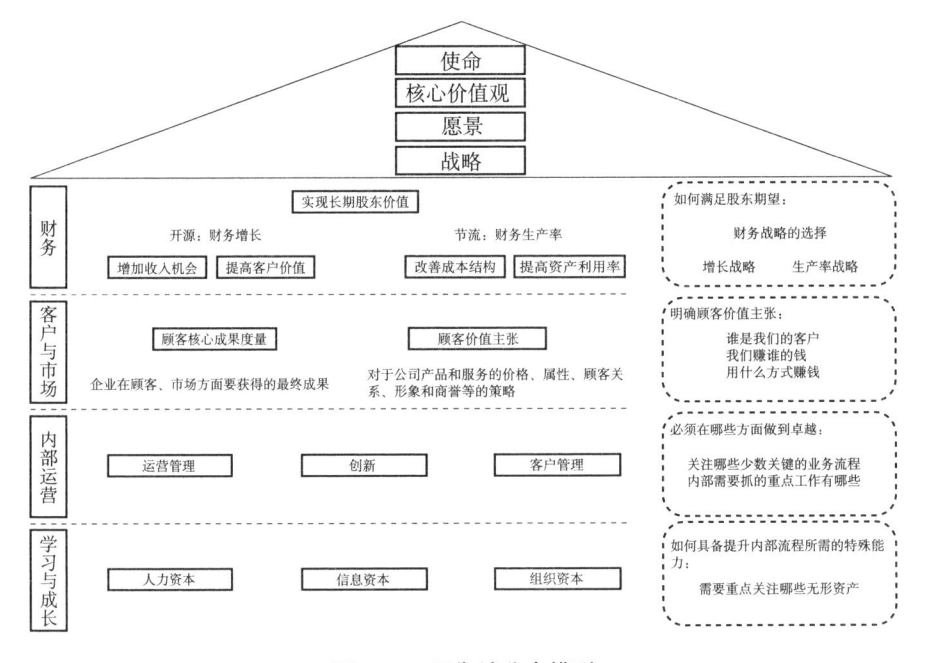

**图 7-1 平衡计分卡模型**

平衡计分卡在客户与市场维度方面，制定了两个层次的绩效评估指标：一是企业在客户服务方面为达到一定的绩效水平，而必须完成的各项指标；二是根据上个层次设定的各项指标进行逐级分解，制定各层次具体的评价指标，形成绩效评估表。在内部运营方面，平衡积分卡关注的重点是企业的核心竞争力，而传统绩效评估仅重视部门的绩效和竞争力，不能形成企业长期的竞争优势。内部运营维度以满足投资者和客户的需要为出发点，并根据实际需要转化成具体的评价指标，从价值链上对企业内部的整个业务流程进行分析，是企业改善经营业绩的主要内容。

### （三）经济增加值业绩考核

经济增加值（EVA）是一种新型的衡量公司业绩与价值的方法，它克服了传统方法的缺陷，能够比较准确地反映公司在一定时期内为股东所创造的价值。从20世纪末起，EVA逐渐在国外获得广泛应用，成为传统业绩衡量指标体系的重要补充。EVA指标的核心思想是：企业使用资本并不是无代价的，也存在着成本，即资本投资后要求一定数额的回报率。按照现代经济学的观点，资本成本就是资本的机会成本，亦即资本投入其他项目所能获得的最佳收益率。EVA指标方法反映了近年来西方企业经营理念和财务目标，强调资本的最低回报率。只有项目的预期收益率超过资本成本，才具备投资价值。EVA方法实际上是当代经济学关于利润和成本的理论向经管实务领域的渗透与扩展，为现代经济学进入实务领域打开了一个窗口。

对企业经营业绩的评价，通常用权益报酬率、总资产报酬率、销售净利率等指标。虽然它们在实践中取得了一定效果，但没有考虑到使用资本是有成本的，无法正确反映资本净收益状况和资本运营的增值效益。企业盈利大于零并不等同于资产得到保值增值。为了得出企业全部投入自有资本的净收益状况，要在收益中扣除借贷成本。

传统的以税后利润核算为中心的效益指标没有完整反映企业的资本成本，导致管理者忽视了股本融资成本，盲目地通过扩大股本投资增加利润，无视单位资金效益的低下。如果贯彻了EVA理念，并将其作为重点考核指标，所有者和经营者的利益就趋向一致，经营者就不会无限追求资产的规模，进行大量的无效投资。

## 二、业绩管理流程

典型的业绩管理流程包括以下五个步骤：进行业绩诊断；建立关键业绩指标；设定业绩目标；进行业绩审核；进行业绩评估并与薪酬挂钩（如图7-2所示）。

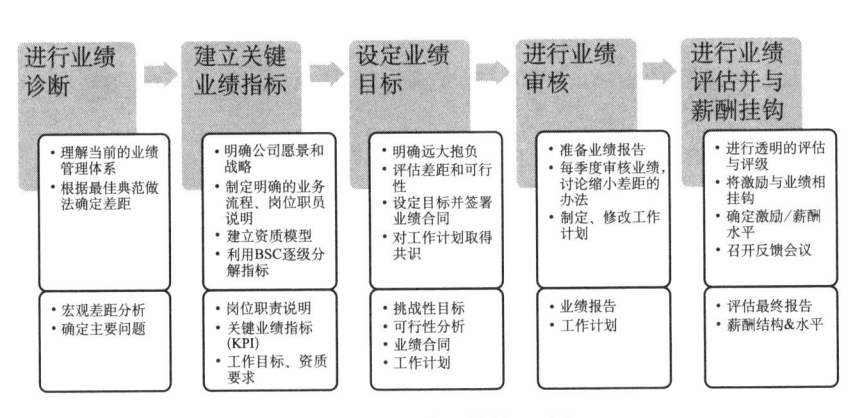

| 进行业绩诊断 | 建立关键业绩指标 | 设定业绩目标 | 进行业绩审核 | 进行业绩评估并与薪酬挂钩 |
|---|---|---|---|---|
| ·理解当前的业绩管理体系<br>·根据最佳典范做法确定差距 | ·明确公司愿景和战略<br>·制定明确的业务流程、岗位职员说明<br>·建立资质模型<br>·利用BSC逐级分解指标 | ·明确远大抱负<br>·评估差距和可行性<br>·设定目标并签署业绩合同<br>·对工作计划取得共识 | ·准备业绩报告<br>·每季度审核业绩，讨论缩小差距的办法<br>·制定、修改工作计划 | ·进行透明的评估与评级<br>·将激励与业绩相挂钩<br>·确定激励/薪酬水平<br>·召开反馈会议 |
| ·宏观差距分析<br>·确定主要问题 | ·岗位职责说明<br>·关键业绩指标（KPI）<br>·工作目标、资质要求 | ·挑战性目标<br>·可行性分析<br>·业绩合同<br>·工作计划 | ·业绩报告<br>·工作计划 | ·评估最终报告<br>·薪酬结构&水平 |

图7-2 典型的业绩管理流程

## （一）进行业绩诊断

前期诊断是业绩管理的基础，只有摸清了集团的具体业绩管理状况，后续步骤才可能成功实现。

## （二）建立关键业绩指标

关键业绩指标能够帮助高层领导清晰了解影响公司价值的关键经营操作的情况，为业绩管理和上下级的交流沟通提供一个客观基础；还能让管理者及时诊断经营中的问题并采取行动，集中精力于对业绩有最大驱动作用的经营方面，从而有力推动公司战略的执行。

## （三）设定业绩目标

集团管理层在设置合理的目标时应综合考虑历史增长情况、战略评估、公司的需求三方面因素。战略评估，包括对市场需求增长情况、竞争对手的表现、宏观环境变化、自身能力的评估等；公司的需求，包括集团公司的要求、公司增长的需求、公司业务组合优化的需求、公司财务结构的需求等。

## （四）进行业绩审核

该过程包括提交业绩报告、进行业绩审议和制订行动计划。业绩报告对业绩目标的完成起到监督作用。业绩审议是业绩目标完成的充分保障，公司应每季度举行各业务部门业绩审议会，以揭示经营中潜在的问题，找出解决问题的方法。在进行业绩审议后，各级管理层及相关人员就要制订行动计划。

### （五）进行业绩评估并与薪酬挂钩

业绩评估过程应有一个反馈机制，以确保业绩评估的公正性。业绩评估最终确定后，应与薪酬挂钩。

## 第二节　国投下属公司业绩评价

通过十几年的探索和实践，国投按照"工作有标准、管理全覆盖、考核无盲区、奖惩有依据"的要求，以及母子公司管理体制的特点，逐步建立了适合投资控股公司特点、有效引导公司发展、内外考核密切结合、压力逐级传递、责任层层落实的总部、子公司和控股投资企业三级考核体系。公司总部考核子公司，并指导子公司对控股投资企业的考核；子公司按照总部的指导意见，结合行业特点和企业实际，制定具体考核方案，并通过董事会对控股投资企业实施考核。

### 一、下属公司考核

#### （一）绩效考核的基本原则

绩效考核的基本原则如下：

（1）与国资委中央企业负责人经营业绩考核办法相衔接的原则。

（2）鼓励经营单位确定挑战性的目标值，确保实现公司年度和任期考核目标的原则。

（3）加强对预算偏离度的考核，提高预算严肃性的原则。

（4）完善经营考核系数计算公式，综合考虑经营单位经营难度的原则。

## （二）绩效考核指标的分类

总部对子公司的绩效考核指标包括基本指标、分类指标和扣分项三类。

### 1. 基本指标

在基本指标选取上尽量统一，且与国务院国资委考核中央企业的基本指标一致。国投自 2007 年就在子公司考核中引入了经济增加值指标考核。

### 2. 分类指标

分类指标的主要作用是引导解决企业"短板"，因此选取分类指标既要结合子公司自身特点，找准企业发展的关键因素，又要根据企业不同发展阶段面临的主要矛盾，适时对其进行调整。分类指标视各子公司的战略定位、业务类型、经营特点、发展阶段的不同分别确定。

### 3. 扣分项

扣分项主要是评价子公司各项重点经营工作的完成情况，根据子公司的行业特点分类设置，主要包括节能减排、资产结构调整、业务协同、安全生产和合规经营等指标。

## （三）考核目标

为发挥预算对经营工作的引导和约束作用，原则上把考核指标的目标值设定为预算值。同时，为与国资委考核办法有效衔接，减少经营单位在预算谈判中的博弈，除个别指标外，对各基本指标和分类指标全面引入了基准值。目标值高于或低于基准值时，加分规则有所不同，预算偏差的扣分区间也不同，以加强对预算准确度的考核。

引入基准值并设置上述计分规则的目的，一方面是引导子公司提出挑战性目标，提高预算准确度，实施"精准考核"；另一方面，是兼顾各子公司所处不同发展阶段、所在行业周期性波动等因素的影响。

## （四）经营考核系数

在国资委经营考核系数确定原则和指标选取的基础上，为了合理拉开差距，有效区分各个经营单位的经营难度，结合实际情况，国投选取了主营业务收入、资产总额两个规模类指标，以及利润总额和净资产收益率两个效益类指标，作为经营考核系数公式的计算基础。

## （五）奖惩兑现

根据考核打分情况，国投按照一定的比例，将子公司考核等级确定为A—E五个等级，与本单位员工绩效奖金总额、领导班子成员职务调整等挂钩。

## 二、控股投资企业负责人业绩考核

### (一) 基本原则

(1) 企业利润最大化原则。控股投资企业是公司的利润中心,控股投资企业负责人业绩考核以企业利润为主要指标。

(2) 现期收益与长远发展相结合原则。控股投资企业应着眼于长远发展,实现企业利润持续稳定增长,避免片面追求当期利润的短期行为。绩效目标既要包括体现当期效益的指标,也要包括体现企业持续发展的相关指标,引导控股投资企业负责人兼顾企业的短期利益和长期利益。因此,控股投资企业负责人业绩考核除利润总额、成本费用占主营业务收入比重等指标外,还应选取有利于控股企业长期健康发展的、适合本企业特点的辅助指标作为考核内容。

(3) 薪酬与业绩考核结果挂钩原则。控股投资企业负责人薪酬应与企业经营管理业绩及个人履行职责考核结果挂钩。

### (二) 考核分类

控股投资企业负责人业绩考核,一般根据企业实际情况,按生产经营类企业、建设管理类企业和扩建类企业分类进行。

### (三) 考核内容

考核内容由经营管理业绩和个人履行职责两部分组成。

## （四）考核目标

控股投资企业负责人业绩考核，用对标管理的方法确定考核目标值，既包括与自身历史水平的纵向比较、板块内考核对象间的横向对标，也包括与行业优秀值之间的对标等。

## （五）奖惩兑现

年度综合考核评价得分及结果作为评选集团先进、职务调整、绩效奖金发放等的依据。

# 第八章　集团党建

坚持党对国有企业的领导，充分发挥党组织的领导核心和政治核心作用，是深化国有企业改革必须坚持的政治方向、政治原则。加强党的建设是国有企业的"根"和"魂"，是我国国有企业的独特优势。

## 第一节　总体要求

### 一、企业党建

党的十二大通过的《中国共产党章程》中关于企业党组织的定位是："企业事业单位中党的基层委员会，和不设基层委员会的总支部委员会或支部委员会，领导本单位的工作。这些基层党组织应对重大原则问题进行讨论和作出决定，同时保证行政负责人充分行使自己的职权，不要包办代替他们的工作。基层委员会领导下的总支部委员会和支部委员会，除特殊情况外，只对本单位生产任务和业务工作的正确完成起保证监督作用。"

从 1992 年到 2012 年，党的十四大到党的十八大通过的《中国共产党章程》中，明确全民所有制企业中党的基层组织发挥政治核心作用，围绕企业生产经营开展工作，并规定了五项基本职责。这五项职责几经修改完善，但核心内容没有大的变化。十八大通过的《中国共产党章程》对五项职责的表述为："保证监督党和国家的方针、政策在本企业的贯彻执行；支持股东会、董事会、监事会和经理（厂长）依法行使职权；全心全意依靠职工群众，支持职工代表大会开展工作；参与企业重大问题的决策；加强党组织的自身建设，领导思想政治工作、精神文明建设和工会、共青团等群众组织。"

2013 年，中共中央办公厅在转发《中央组织部、国务院国资委党委关于中央企业党委在现代企业制度下充分发挥政治核心作用的意见》的通知（中办发〔2013〕5 号）中，将中央企业党委发挥政治核心作用的内容作了扩充，增加了"落实党管干部原则和党管人才原则，建立完善适应现代企业制度要求和市场竞争需要的选人用人机制，建设高素质经营管理者队伍和人才队伍"和"加强对企业领导人员的监督，统筹内部监管资源，认真履行监管职能，建立健全权力运行监督机制，提高监督有效性"。按照中央要求，国有企业党组织应大力加强落实党管干部、监督干部的工作力度。

2016 年 10 月召开的国有企业党的建设工作会议，明确国有企业党组织应发挥领导核心和政治核心作用，把方向、管大局、保落实。

十九大通过的《中国共产党章程》在对企业党组织职责进行描述时，对国有企业党组织和集体企业党组织的职责做了一定程度的区分。对于国有企业党委（党组），明确"发挥领导作用，把方向、管大局、保落实，依照规定讨论和决定企业重大事项"。

## 二、国有企业党建

党的十八大以来，以习近平同志为核心的党中央对国有企业全面从严治党作出一系列重要决策部署，明确要求建立党建工作责任制，从根本上解决管党治党不明确责任、不落实责任、不追究责任的问题。党要管党，从严治党，是新时期国有企业党建的主旋律和总基调。2015年9月，中共中央办公厅印发了《关于在深化国有企业改革中坚持党的领导加强党的建设的若干意见》，对在深化国有企业改革中坚持党的领导、加强党的建设提出要求、作出部署。这是在深化国有企业改革的关键时刻发出的重要文件，为我国在加快建立中国特色现代国有企业制度进程中正确处理党组织与公司治理结构的关系指明了方向，是完成全面深化国有企业改革任务的重要保障。

一是坚持党管干部原则。坚持党管干部原则是实现党对国有企业领导的根本保证，任何时候不能动摇。坚持党管干部原则与董事会、经营管理者依法行使用人权，与市场化选聘、建立职业经理人制度并不是对立的关系，关键是要有机结合。要有序推进董事会选聘经理层成员工作，上级党组织及其组织部门、国有资产监管机构党委应当在董事会选聘经理层成员工作中发挥确定标准、规范程序、参与考察、推荐人选等作用。关于发挥市场机制作用方面，要进一步完善坚持党管干部原则与市场化选聘、建立职业经理人制度相结合的有效途径，扩大选人用人视野，合理增加市场化选聘比例。同时，为避免职业经理人队伍固化和标签化，进一步激发企业内部经营管理者队伍活力，要实行内部培养和外部引进相结合，推进职业经理人队伍建设。

二是国企党组织落实好从严管党治党责任。当前，全面从严治党任务十分艰巨，在国有企业显得尤为紧迫。国有企业党组织要坚持从严治党、思想建党、制度治党，增强管党治党意识，落实管党治党责任，聚精会神抓好党建工作，做到守土有责、守土负责、守土尽责。党组织书记要树立抓好党建是本职、不抓党建是失职、抓不好党建是不称职的责任意识，切实履行党建工作第一责任人职责；党组织领导班子其他成员要切实履行"一岗双责"，结合业务分工抓好党建工作；纪检组组长（纪委书记）要坚持原则，主动作为，强化监督，执纪必严。同时，为进一步加强国有企业党建工作的领导力量，应确保有人心无旁骛抓企业党建、全部精力抓企业党建。此外，国有企业党组织要定期研究党建工作特别是党风廉政建设工作，定期向上级党组织和纪检监察机关报告责任落实情况。对违反党的政治纪律和政治规矩、组织纪律，"四风"问题突出，发生顶风违纪问题，出现区域性、系统性腐败案件的国有企业，既追究主体责任、监督责任，又严肃追究领导人员责任。

三是明确党组织在公司法人治理结构中的定位。建立中国特色现代国有企业制度，是国有企业的改革方向，是现代企业制度的重大理论创新和实践创新，其核心就在于党组织是公司法人治理结构的重要组成部分，就在于充分发挥党建工作与公司治理两个优势。据此，要把加强党的领导和完善公司治理统一起来，明确国有企业党组织在公司法人治理结构中的法定地位。要求各国有企业应当在公司章程中明确党建工作总体要求，将党组织的机构设置、职责分工、工作任务纳入企业的管理体制、管理制度、工作规范，明确党组织在企业决策、执行、监督各环节的责权和工作方式以及与其他治理主体的关系，使党组织成为公司法人治理结构的有机组成部分，使党组织发挥领导核心作用和政治核心作用组织化、制度化、具体化。

四是从严管理国有企业领导人员。针对当前对国有企业领导人员管理失之于宽、失之于软的问题，要从教育、管理、监督三个方面，明确从严管理企业领导人员的具体内容、措施和要求。要加大企业领导人员交流力度，董事长（未设立董事会企业的总经理）在同一职位任职超过3个任期，同时还能任满1个任期以上的，一般应当进行交流。要强化对权力集中、资金密集、资源富集、资产聚集的部门和岗位的监管，特别是加强对主要领导履职行权的监督约束。严厉查处利益输送、侵吞挥霍国有资产、腐化堕落等违纪违法问题。

## 三、中央企业党建

中央企业党建一直是企业党建的重点。2004年，中共中央办公厅转发《中央组织部、国务院国资委党委关于加强和改进中央企业党建工作的意见》的通知，要求充分发挥中央企业党组织的政治核心作用，促进国有资产管理体制改革和中央企业改革发展。

2017年，中共中央颁布了《中央企业党建工作责任制实施办法》，这是第一部关于中央企业党建工作的党内法规，在中央企业党建历程中具有标志性意义，是中央企业党建工作的重要基础性制度文件，对于中央企业坚持党的领导、加强党的建设、全面从严治党具有十分重要的意义。该实施办法明确中央企业党建工作责任体制，明确履行党建工作责任"干什么"，落实责任"怎么干"，落实责任"怎么评价、谁来评价"和党建工作"干不好怎么办"等。

国务院国资委把2017年确定为"中央企业党建工作落实年"，取得了一批实实在在的成果。在集团层面，98家中央企业全部完成党建要求进章程，全部实现党委（党组）书记、董事长"一肩挑"，全部配备了主抓党务工作专职副书记，全部把党组织研究讨论作为企业决策重大问题的前置程序，全部设置了党务工作机构，党务部门编制全部达到同级部门平均编制水平，全部将党务工作经费纳入企业预算，全部开展二级单位党组织书记述职评议。中央企业基层党组织基本实现全覆盖，覆盖率超过

99.4%，按期换届率达到92.3%，制定修订党建工作制度1 300余项。中央企业因地制宜，积极推进党建任务在基层单位落地，目前已有3 900多家二三级单位完成章程修订，2 800多家二三级单位实现"一肩挑"，2 600多家二三级单位配备了专职副书记，12 000多家二三级单位落实了前置程序要求。经过不懈努力，中央组织部和国资委党委明确的30项重点任务、国资委党委确定的23项重点工作逐项得到有效落实，中央企业管党治党意识显著增强，抓党建强党建氛围已经形成，党建工作责任逐级落实，党的领导与公司治理融合更加紧密，党建基层基础工作逐步夯实。

2018年10月26日，中央企业党的建设工作座谈会在北京召开，中共中央政治局委员、中组部部长陈希强调，要深入学习贯彻习近平新时代中国特色社会主义思想，坚决维护习近平总书记的核心地位，坚决维护党中央权威和集中统一领导，贯彻新时代党的建设总要求和党的组织路线，全面提高中央企业党的建设质量，为培育具有全球竞争力的世界一流企业提供坚强保证。

## 第二节　加强党建

### 一、党组织在公司法人治理结构中的法定地位

明确和落实党组织在公司法人治理结构中的法定地位，是国

有企业产权属性与党组织根本属性的内在统一。国有企业属于全民所有，是推进国家现代化、保障人民共同利益的重要力量，是党和国家事业发展的重要物质基础和政治基础。从产权归属的角度看，国有企业必须代表全民的利益，承担全民赋予的所有责任，全民依法享有国有资产收益、参与重大决策和选择管理者等权利，这是国有企业的根本属性。国有企业的产权属性和党组织的根本属性内在地统一于"人民"。"人民"投资了国有企业，国有资产以产权的属性法定于"人民"；中国共产党实现人民的利益，明晰了党组织以党章的宗旨在国有企业中法定于"人民"。在全面深化国有企业改革中明确和落实党组织在公司法人治理结构中的法定地位，是中国共产党坚持全心全意为人民服务，实现全民利益的重要内容。当前，在全面建成小康社会的关键时期，国有企业改革正处于攻坚期和深水区，党的领导只能加强，不能削弱，这是国有企业产权属性与党组织根本属性内在统一的要求。

　　明确和落实党组织在公司法人治理结构中的法定地位，是保护国有企业出资人财产所有权最根本的途径。在全面深化改革的征程上，仍有一些地区、一些官员冒天下之大不韪，借发展混合所有制的幌子、清理退出一批的幌子、处理僵尸企业的幌子等，动起侵吞国有资产的念头。要吸取过去国企改革经验和教训，不能在一片改革声浪中把国有资产变成牟取暴利的机会；除了国家规定的履职待遇和符合财务制度规定标准的业务支出外，国有企业负责人没有其他的"职务消费"，按照职务设置消费定额并量化到个人的做法必须坚决根除。要加强党对国有企业的领导，加强对国企领导班子的监督，搞好对国企的巡视，加大审计监督力度；中央坚持国有企业改革方向没有变。全面深化国有企业改革，就是要合理把握改革的尺度和边界，努力强化企业的经营自主权，让企业走向市场，自主经营，提防少数个人或小群体谋取私利，将国有资产据为己有。

明确和落实党组织在公司法人治理结构中的法定地位，是推动国有企业完善现代企业制度的重要内容。中国特色现代国有企业制度，"特"就特在把党的领导融入公司治理各环节，把企业党组织内嵌到公司治理结构之中，明确和落实党组织在公司法人治理结构中的法定地位，做到组织落实、干部到位、职责明确、监督严格。要坚定不移做强做优做大国有企业，不断增强国有经济活力、控制力、影响力、国际竞争力、抗风险能力，就必须明确和落实党组织在公司法人治理结构中的法定地位，就必须坚持党的建设与国有企业改革同步谋划、党的组织及工作机构同步设置，实现体制对接、机制对接、制度对接、工作对接，确保党的领导、党的建设在国有企业改革中得到体现和加强。尤其在建立"产权清晰、权责明确、政企分开、管理科学"的现代企业制度的具体实践中，在企业工作重心转为经济建设与经济发展的关键时期，企业党组织要以具体可行的方式、方法和途径来体现其政治核心作用。

## 二、党管干部和职业经理人选拔

十九大报告明确指出，中国特色社会主义最本质的特征是中国共产党领导。党政军民学，东西南北中，党是领导一切的。新时代加强党的领导的重要抓手，就是坚持党管干部原则。"党管干部、党管人才"是企业发展的必然途径和手段。在新形势下，坚持党管干部、党管人才，干部能上能下，收入能增能减制度，是增强干部队伍活力的必然选择。

党管干部，需要加强制度创新。《中央企业领导人员管理规定》就是党对中央企业领导人员管理制度的不断完善，是重要的制度创新。加强党对中央企业领导人员的管理，不是要把国有企业领导人员管死，让我们的企业领导人员噤若寒蝉、唯唯诺诺、不敢作为。而是要在保证打造出一支对党忠诚、勇于创新、治企有方、兴企有为、清正廉洁的高素质专业化中央企业领导人员队伍的基础上，激发和保护企业家精神，使中央企业领导人员区别于党政领导干部，形成能领导中央企业更好地适应社会主义市场经济的企业家群体，成为实现我国经济由高速增长向高质量增长的领头人。这一新时代中央企业领导人员群体将是中国特色社会主义建设的中坚力量。这一群体的形成，必将极大提高我国国有企业的竞争力和引领力。

## 三、混合所有制改革与党建

推进混合所有制改革，是国有企业深化改革的重点工作。《关于在深化国有企业改革中坚持党的领导加强党的建设的若干意见》明确提出，把建立党的组织、开展党的工作，作为国有企业推进混合所有制改革的必要前提。在具体党建工作上，《关于在深化国有企业改革中坚持党的领导加强党的建设的若干意见》提出，要根据国有资本比例、控制力等情况，分类确定不同类型混合所有制企业党组织的职责定位。其中，国有资本绝对控股、相对控股或者具有实际控制力的混合所有制企业，党组织发挥政治核心作用；其他混合所有制企业，比照非公有制企业开展党建工作，党组织在职工群众中发挥政治核心作用，在企业发展中发挥政治引领作用。

目前，一些混合所有制企业的党组织坚持"融入中心、服务大局"，结合自身实际，认真借鉴传统党建工作的经验，形成了一些独具特色的有效做法[①]。

## （一）按照"三同时"原则，及时建立健全党组织

这类企业由于是由国有企业改制重组或者国有资本进入重组整合形成的，与民营企业相比，对党建工作更加重视，大多数能够按照"三同时"的要求，在企业建立行政班子的同时建立党组织，在明确行政负责人的同时明确党组织负责人，在部署生产经营工作的同时对党建工作做出谋划。

## （二）坚持"双向进入、交叉任职"，探索党组织融入法人治理结构的有效途径

这类企业大多能够坚持和完善"双向进入、交叉任职"的领

---

① 苗小玲，田子方. 混合所有制企业健康发展的一个重大问题：基于党组织与法人治理结构的视角. 毛泽东邓小平理论研究，2015（8）：13-17.

导体制和"高度融合、积极支持"的工作机制，通过法定程序，使企业党组织班子成员分别进入董事会、监事会和经理层，使董事会、监事会、经理层中的党员依照有关规定进入党组织班子，建立健全党委议事规则和党组织参与重大问题决策的有关制度。在实际工作中，注重通过"一岗双责"（既要履行业务职责，又要履行党建职责）方式，培养和锻炼复合型企业领导干部，比如在干部培养上有意识地把行政副职作为党委主要领导的后备力量加以培养，把党委副职作为行政主要领导的后备力量进行培养。

## （三）参与重大问题决策，发挥政治核心作用

有的企业党组织能够积极参与重大问题决策，带头落实重大决策部署，将党的政治优势转化为企业核心竞争力。有的企业提出了党委在参与重大问题决策中"党委决定、程序表达、体现主张、依法决策"的方针，注重源头上参与、决策中引导、决策后强化执行。有的企业党组织将主要职责确定为促进企业经营业务，参与监事会监督活动。有的企业党委按照公司章程和党委议事规则确定的决策程序和决策范围参与重要事项决策。有的企业党组织着重在重大投资事项、干部选拔任用、员工考核和文化建设等重大问题上参与研究决策并监督贯彻实施。很多这类企业党组织参与决策，主要通过领导体制的高度融合来实现，即党组织班子成员依照有关程序直接进入董事会、监事会和经理层，全程参与决策、经营和监督，确保企业的经营与发展符合党的路线方针政策。

## （四）发挥党管干部优势，积极探索市场化选人用人机制

大多数混合所有制企业都能重视党组织在选人用人中的作用，并根据自身情况，把坚持党管干部原则与董事会依法选择经营管理者以及经营管理者依法行使用人权相结合，坚持和完善民主推荐、人选提名、组织考察、集体研究、依法任免等程序，建设符合企业发展需求的干部人才队伍。中国建材所属泰山石膏股份有限公司明确了党委在干部人才工作中"管规划、管标准、管程序、管监督"的职能定位，由党委主导每两年一次的中层干部竞聘上岗工作，负责制定规则和组织考评。中国建材所属巨石集团在干部考核时由党委部门和行政部门共同组成干部考核小组，共同形成考评意见。这类企业董事会成员和经理层人员都是按产权结构由出资方或股东方派出的，本级党组织不能参与这两类人员的选用，而是更多地集中在对中层干部和子公司领导班子成员的任用考核上。

## （五）突出融入中心，加强思想政治工作和企业文化建设

这类企业特别注重从实际出发，融入中心，服务大局，注重进行思想政治工作内容、方法和载体的创新，增强其针对性和实效性。党组织将职工思想政治引领工作与完成企业中心工作、实现年度经营目标相结合，与促进企业稳定健康发展、解决实际问题相结合，与弘扬企业优秀文化、凝聚职工智慧力量相结合，使之成为企业思想管理的重要内容，以春风化雨、润物无声的形式

彰显企业文化的感召力和凝聚力，坚定干部职工爱岗敬业的自觉性与主动性；同时，党委在企业重大项目和重大事项中注重发挥协调作用，加强沟通引导，增强职工支持、参与改革的意识。

### （六）坚持党群共建，发挥群众组织作用

大多数混合所有制企业党组织能够领导群众和团体组织，通过党群共建，围绕企业中心任务，发挥工会、团委、妇委等组织的作用，开展职工技术革新、劳动竞赛、合理化建议、岗位建功等活动，激发职工的创造力，凝聚企业发展合力。

大多数混合所有制企业建立完善了职代会，开展民主管理，构建了企业和职工沟通对话的有效平台，为反映职工合理化诉求、维护职工合法权益、提高职工队伍素质、促进企业和谐发展提供了可靠保证。

## 第三节 国投卓越党建

党的十九大提出了深入推进党的建设新的伟大工程，明确提出新时代党的建设总要求，指明了新时代党的建设的方向。坚持党的领导、加强党的建设，是我国国有企业的光荣传统，是国有企业的"根"和"魂"，是我国国有企业的独特优势。在党的正确领导下，在加强党建的过程中，国投不断成长、不断发展。

## 一、国投对党建的认识

纵观中国改革开放 40 年来的奋斗历程，国投深深地认识到，党始终是中国特色社会主义事业的坚强领导核心。作为中央企业，在新时代、新征程中，国投集团必须深入推进党的建设新的伟大工程，不断增强政治意识、大局意识、核心意识、看齐意识，坚定维护以习近平同志为核心的党中央权威和集中统一领导，自觉在思想上、政治上、行动上同党中央保持高度一致，完善坚持党的领导的体制机制，充分发挥党把方向、管大局、保落实的领导核心作用，切实增强党在企业中的政治领导力、思想引领力、群众组织力、员工号召力，引领企业实现高质量发展。

深入推进党的建设新的伟大工程，必须全面加强党的政治建设，坚定维护以习近平同志为核心的党中央权威和集中统一领导。国投集团成立二十多年来，始终把党的政治建设摆在首位，始终同党中央保持高度一致，全面贯彻落实党中央、国务院重大决策部署，全力推动国有资本投资公司改革试点，主动承担供给侧结构性改革任务，积极实施精准扶贫、脱贫攻坚，率先践行"一带一路"倡议，助力京津冀协同发展、雄安新区建设等战略实施，将服务国家战略作为国投各级党组织重要的政治责任；同时，将党的领导融入公司治理，推进党的建设工作纳入公司章程，推行党组织书记、董事长"一肩挑"，党组织参与企业重大问题决策等重要举措，把党的政治建设落到实处。

深入推进党的建设新的伟大工程，必须全面加强党的思想建设，坚持用习近平新时代中国特色社会主义思想武装头脑、指导实践。五年来，国投以党组（委）理论学习中心组、"三会一课"为基本形式，通过专题辅导、学习讨论、党员自学等多种方式，深入学习贯彻习近平总书记治国理政新理念新思想新战路，深入学习贯彻党的十八大、十九大精神，进一步提升理论武装水平，提高"四个意识"，增强"四个自信"；按照党中央的统一部署，扎实开展党的群众路线教育实践活动、"三严三实"专题教育、"两学一做"等党内主题教育实践活动，教育引导广大党员站稳政治立场，强化党性修养，坚定理想信念。

深入推进党的建设新的伟大工程，必须全面加强党的组织建设，坚持在实践中创新"卓越党建管理"，夯实基层组织建设，抓好党员队伍建设。几年来，国投集团积极探索创新由党建管理体系、党建管理原理、党建管理方法、党建项目化管理、党建考核办法、互联网＋基层党建等部分组成的"卓越党建管理"，确保党的建设与企业发展"四同步""四对接"，有效解决党的建设弱化、淡化、虚化、边缘化问题。国投"卓越党建管理"的新经验、新做法得到了中组部、国资委党委、中央党校及一些兄弟单位的肯定。中组部党建读物出版社出版发行的"卓越党建管理"系列丛书，为国有企业党建工作提供了可复制、可推广的实操经验和鲜活案例。

深入推进党的建设新的伟大工程，必须持续深化作风建设和纪律建设，进一步优化、净化国投的政治生态。几年来，国投集团探索创新了"年初签订责任书、全年监督检查、年终考核反馈"的党建、党风廉政建设和反腐败工作闭环管理机制，强化落实"两个责任"和"一岗双责"；制定 7 类 28 项党风廉政建设制度，构建"不能腐"的体制机制；发挥巡视利剑作用，完成 64 家集团成员企业和重点监控企业的巡视工作，及时发现和消除企业存在的各类风险和隐患，有效保障企业深化改革、创新发展各项工作顺利推进；坚决贯彻执行中央八项规定精神，持之以恒纠正"四风"问题。"廉洁国投"深入人心，不断筑牢广大党员干部"不想腐"的思想防线。

深入推进党的建设新的伟大工程，必须坚持党的建设与经营管理相融合，全面推进国投改革发展，实现国投奋斗目标。在党中央的领导下，在国投党组的带领下，在全体党员和干部员工的共同奋斗下，国投连续 15 年荣获国务院国资委年度业绩考核 A 级，连续 5 个任期获得"业绩优秀企业"称号，引领了集团全面深化改革、推进转型升级、加快创新发展。集团先后涌现出一批以"时代先锋"——国投罗布泊钾盐创业团队和"时代楷模"——李守江同志为代表的先进典型。国投改革试点的成功经验、探索实践卓越党建的有效做法，充分证明了坚持党的领导、加强党的建设始终是国有企业的"根"和"魂"，是国投实现高质量发展的根本保障。

## 二、国投卓越党建管理

在党中央的领导下，在国有资本投资公司首批改革试点过程中，国投党组深入学习贯彻习近平新时代中国特色社会主义思想和全国国有企业党建工作会议精神,以强化思想建设、组织建设、作风建设、反腐倡廉建设和制度建设为主线,以问题为导向,实行过程管控,推进闭环管理,创新党建工作的方式方法,构建既充分体现国有企业自身管理特色,又有理论高度和借鉴意义的新型党建工作方式——"卓越党建管理",有力提升了国投党的建设科学化水平,有力推进了国投基层党组织的建设,有效解决了基层党建工作存在的弱化、淡化、虚化、边缘化问题,促进了全面从严治党责任的落实,使党建工作有组织、有活动、有作用、有影响。

### (一) 卓越党建探索过程

国投卓越党建的探索过程如图8-1所示。

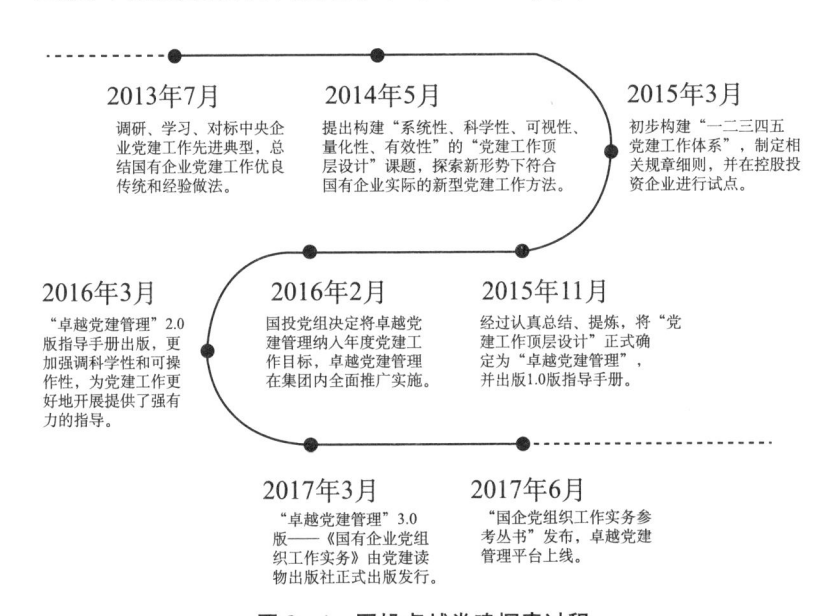

**2013年7月** 调研、学习、对标中央企业党建工作先进典型,总结国有企业党建工作优良传统和经验做法。

**2014年5月** 提出构建"系统性、科学性、可视性、量化性、有效性"的"党建工作顶层设计"课题,探索新形势下符合国有企业实际的新型党建工作方法。

**2015年3月** 初步构建"一二三四五党建工作体系",制定相关规章细则,并在控股投资企业进行试点。

**2015年11月** 经过认真总结、提炼,将"党建工作顶层设计"正式确定为"卓越党建管理",并出版1.0版指导手册。

**2016年2月** 国投党组决定将卓越党建管理纳入年度党建工作目标,卓越党建管理在集团内全面推广实施。

**2016年3月** "卓越党建管理"2.0版指导手册出版,更加强调科学性和可操作性,为党建工作更好地开展提供了强有力的指导。

**2017年3月** "卓越党建管理"3.0版——《国有企业党组织工作实务》由党建读物出版社正式出版发行。

**2017年6月** "国企党组织工作实务参考丛书"发布,卓越党建管理平台上线。

**图8-1 国投卓越党建探索过程**

## （二）卓越党建管理的主要内容

国投集团创新性地将"PDCA 循环管理原理""项目化管理""互联网＋""KPI 考核"等现代企业先进管理理念和科学方法运用到党建工作领域，使党建工作由"虚"到"实"转变，推动党建工作融入中心、落到实处。概括来看，国投集团卓越党建管理的主要内容包括六个方面：党建管理体系、党建管理原理、党建管理方法、党建项目化管理、党建考核办法、互联网＋基层党建（如图 8-2 所示）。

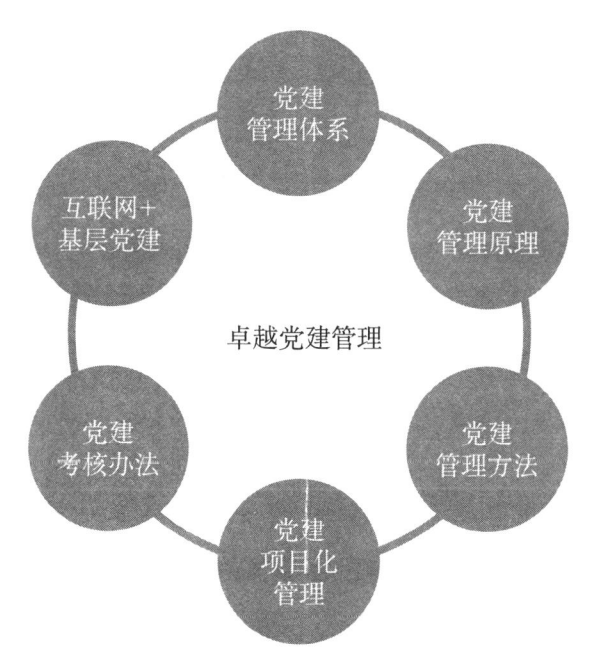

图 8-2　国投卓越党建管理的主要内容

### 1. 党建管理体系

国投在全面落实管党治党责任过程中，形成一个决定：《中共国家开发投资公司党组关于贯彻落实中央全面从严治党要求的决定》，作为国投新形势下贯彻落实全面从严治党的指导性文件；出台两个意见：《中共国家开发投资公司党组关于加强集团党的建设工作的指导意见》《中共国家开发投资公司党组关于建立健全党建工作责任制的实施意见》，作为推动公司党建工作的标准要求；明确三项规则：《中共国家开发投资公司党组工作规则》《国投集团企业党委工作规则》《国投基层党支部工作规则》；建设四项工程：简称"四手册、四记录、四平台、四考核"，四手册即《国投基层党务工作实用手册》《国投党建工作流程手册》《国投党建工作平台操作手册》《国投党建工作考核指导手册》，四记录即《国投党建工作党组记录本》《国投党建工作支部记录本》《国投党建工作党委记录本》《国投党建工作党员记录本》，四平台是以"国投党建云"为依托的"信息管理平台""学习交流平台""微信服务平台""监督考核平台"，四考核是《国投党建工作考评办法》中针对"党委、党支部和党委书记、党支部书记"四个主体的考核；搭建五大载体：主题实践、阵地建设、党群共建、创新创效、典型示范，实现国投党建工作与改革发展工作的有效融合。国投党建管理体系如图 8-3 所示。

**2. 党建管理原理**

国投以"领导带动、科学规划、组织健全"为基石，以落实各级党组织、党组织书记责任和强化监督考核为支柱，通过 PDCA 实现闭环管理，在年度考核中提出"创红旗党委""建五星支部"的目标，构建起"领导有力、系统规划、组织健全、责任

党建管理体系

- 一个决定 ┄┄┄ 指明方向
- 两个意见 ┄┄┄ 明确路径
- 三项规则 ┄┄┄ 规范职责
- 四项工程 ┄┄┄ 实践保障
- 五大载体 ┄┄┄ 落地呈现

图 8-3　国投党建管理体系

落实、量化考核、追求卓越"的党建管理新方式。国投党建管理原理如图 8-4 所示。

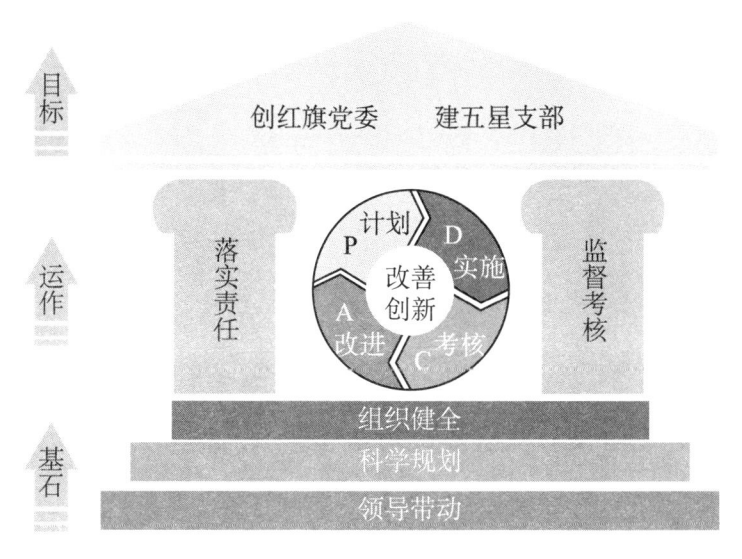

图 8-4　国投党建管理原理示意图

## 3. 党建管理方法

党组定方向、明规则，党委建工程、搭载体，党支部组织推动项目，党员岗位建功，由上而下逐级分解工作，由下而上逐级承诺践诺，形成履行党建职责的"闭环"。党组率先、党委扛旗、支部争星、党员当优，共同促进党建工作由思路变方案，由方案变举措，由举措变成效，切实把党建工作落到实处。国投党建管理方法如图 8-5 所示。

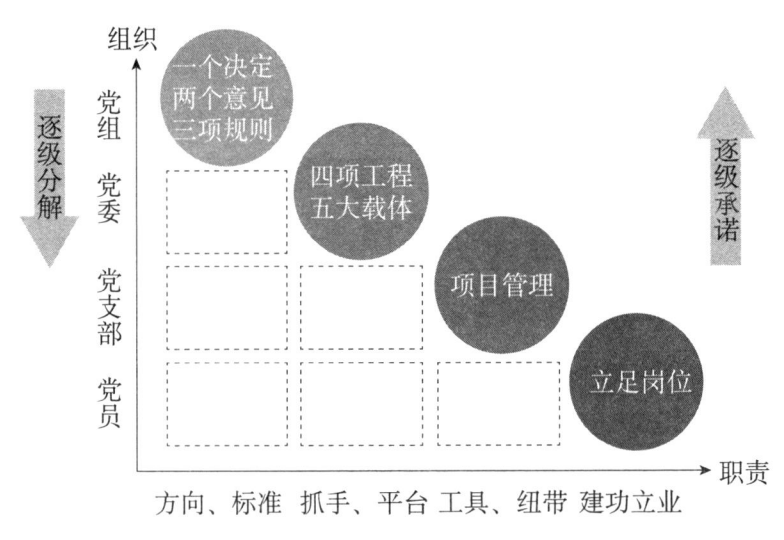

图 8-5　国投党建管理方法

### 4. 党建项目化管理

对党建工作实施项目化管理，各级党组织按照选项与立项、组织与实施、验收与评估的项目流程，在项目库中选取适合的项目开展工作。党委搭建平台建立项目库，党支部从中选取项目，党员实施项目，各司其职，共同推动党建工作落地见成效。国投党建项目化管理如图 8-6 所示。

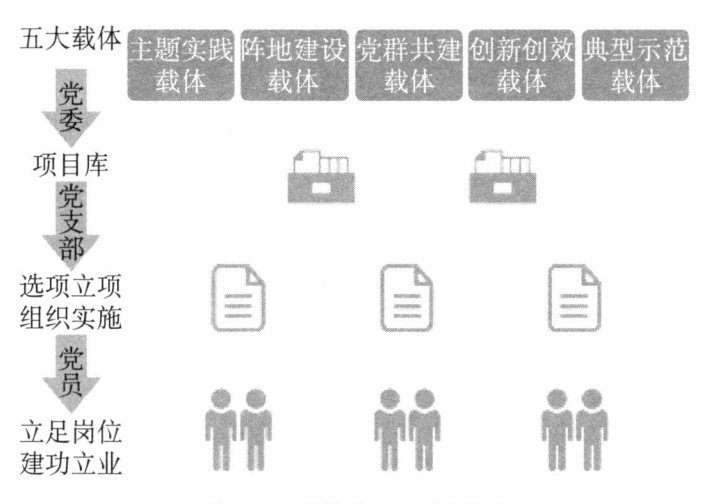

图 8-6 国投党建项目化管理

### 5. 党建考核办法

党建考核办法将党建工作量化为具体的指标内容，对党委、党支部和党委书记、党支部书记四层面，运用关键绩效指标进行考核，考核结果运用到任期考核中，与绩效、评先树优、干部选拔任用相结合（如图 8-7、表 8-1 所示）。

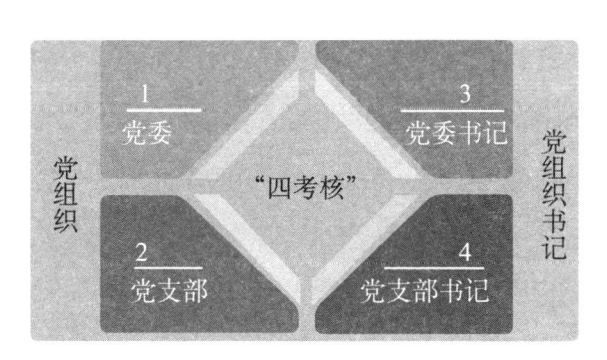

图 8-7 国投党建考核办法

第八章 集团党建 | 169

表 8-1　　　　　国投卓越党建管理的党建工作考核

| 序号 | 考核内容 | 考核细则 | 考核结果运用 | 年终评选 |
|---|---|---|---|---|
| 1 | 贯彻一个决定 | 4 条 | 考核结果占单位绩效的 10%～20%权重 | 红旗党委五星支部 |
| 2 | 落实两个意见 | 8 条 | | |
| 3 | 执行三项规则 | 12 条 | | |
| 4 | 建设四项工程 | 4 条 | | |
| 5 | 搭建五大载体 | 2 条 | | |

**6. 互联网＋基层党建**

运用"互联网＋"思维，打造集组织管理、组织发展、党费管理、积分管理、绩效考核等内容于一体的"卓越党建管理平台"（见图 8-8），使党建工作资源共享、优势互补、相互融合、协调发展，做到网络发展到哪里，党的工作就覆盖到哪里，形成党建工作"全覆盖、求实效、强基层、增活力"的生动局面。

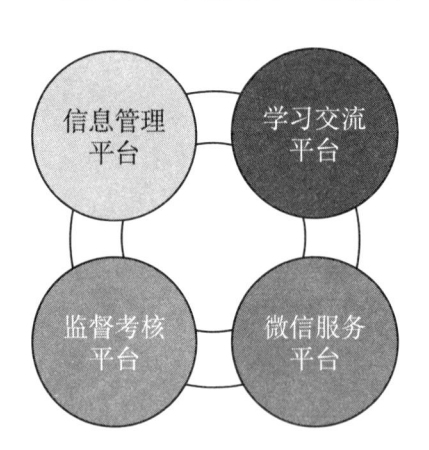

图 8-8　国投互联网＋基层党建

## （三）卓越党建落地实施

国投集团卓越党建管理扎实构建了以子公司党委、控股投资企业党委、党支部为考核评价对象的三级党建工作考核评价体系。在卓越党建实施过程中，能够做到以项目化管理理念对党建工作进行项目化管理，按照抓关键、抓阵地、抓协调、抓带动、抓创新的思路，将党建工作的方方面面进行系统梳理，细化到主题实践、阵地建设、党群共建、创新创效、典型示范五大载体中，组建对应的党建项目库。各级党组织进行选项与立项、组织与实施、验收与评估。

卓越党建管理在国投集团近500个基层党组织经过几年的具体实践，为基层党组织提供了一套科学的、管用的、可操作的新型党建工作方法，为党组织发挥政治核心作用和广大党员发挥先进模范作用搭建了广阔的舞台，激发、调动了党组织的活力和广大党员干事创业的热情，着力提升了国有企业党的建设科学化水平，充分发挥了党建工作在现代企业制度下的独特优势，使党建工作在科学化的基础上真正成为"活党建、新党建、实党建"（如图8-9所示），实现了推进党建体系系统化、推进党建管理精益化、推进党建平台信息化、推进党建工作项目化、推进党建活动品牌化、推进党建考核可量化、推进党建成效可视化（如图8-10所示）。从效果来看，国投集团卓越党建管理重点解决了国有企业党建工作存在的党建工作不系统、管理粗放、方法陈旧落后、考核不科学或不可量化的问题，有力推进了基层党组织的建设，促进了全面从严治党责任的落实。

国投集团卓越党建管理的经验做法得到了中组部和国资委党委的认可和肯定。国投集团卓越党建管理被中共中央党校列为国

图 8-9 国投"活党建、新党建、实党建"

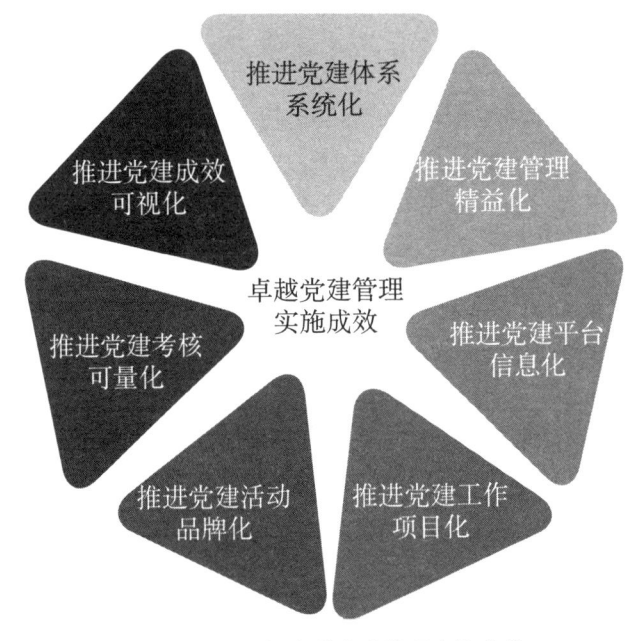

图 8-10 国投卓越党建管理实施成效

有企业党建工作创新实践教学案例。2017 年 6 月,中组部党建读物出版社出版发行了以"卓越党建管理"为主题的系列丛书——"国企党组织工作实务参考丛书",分别为《卓越党建管理模式》《国企党建工作制度参考》《国企党务工作实用手册》《卓越党建实践成果案例选编》，为国有企业提供了可复制、可推广的党建工作经验和鲜活案例。

### 三、国投卓越党建管理的创新举措

国投集团卓越党建管理的主要举措包括：
（1）政治建设：开启国投发展新时代；
（2）思想建设：增强理想信念新动力；
（3）组织建设：提升党的组织新活力；
（4）作风建设：营造风清气正新生态；
（5）纪律建设：构建正风肃纪新机制；
（6）制度建设：开创从严治党新格局；
（7）舆论宣传：展示企业风貌新气象；
（8）文化引领：延伸党建工作新领域；
（9）群团共建：凝聚持续发展新力量。

### （一）政治建设：开启国投发展新时代

习近平总书记在党的十九大报告中提出了新时代党的建设总要求，突出政治建设在党的建设中的首要地位，坚持党对一切工作的领导。国有企业作为中国特色社会主义的重要物质基础和政治基础，是我们党执政兴国的重要支柱和依靠力量。坚持党的领导、加强党的建设是国有企业的"根"和"魂"。作为国有企业，国投坚决维护以习近平同志为核心的党中央权威，坚持党的领导，推动党的建设与企业改革发展深入融合，充分发挥党组织领导作用，促进企业做强做优做大，服务国家战略目标。国投集团政治建设的举措如表 8-2 所示。

表 8-2　　　　　　　　　国投集团政治建设的举措

| 主要方面 | 具体举措 |
| --- | --- |
| 旗帜鲜明讲政治 | 贯彻落实上级重要讲话精神，与中央保持一致；执行上级重大决策部署，自觉融入国家战略 |
| 坚持党对一切工作的领导 | 坚定不移地深化国企改革，统筹推进改革试点；贯彻落实重大会议精神，落实国企党建任务；党建工作纳入公司章程；推行党组织书记、董事长"一肩挑"，完善领导体制建设；党组织参与企业重大问题决策，发挥领导把关作用 |
| 打铁必须自身硬 | 定期召开党组会议、党建工作会议，研究部署年度工作思路和重点任务；集体约谈各级党政主要负责人，强化责任担当；签订党风廉政责任书和廉洁从业责任书，落实主体责任；组织党员领导干部参加中心组理论学习，提升政治素养 |
| 严肃党内政治生活 | 召开民主生活会，发扬党内民主，加强党内监督；深入基层参加组织生活，学习党章党规、系列讲话，参加党内活动 |

## (二) 思想建设：增强理想信念新动力

加强思想教育和理论武装，是党内政治生活的首要任务，是保证全党步调一致的前提。国投党组认真贯彻落实中央统一部署，不断加强思想政治建设和党员干部学习教育，组织开展党的群众路线教育实践活动、"三严三实"专题教育和"两学一做"学习教育，并推进"两学一做"常态化、制度化，不断提升党性修养、思想境界、道德水平，进一步树立"四个意识"、增强

"四个自信",真正把学习贯彻成效转化为做好各项工作、推动国投持续发展的强大动力。国投集团思想建设的举措如表8-3所示。

表8-3　　　　　　　　国投集团思想建设的举措

| 主要方面 | 具体举措 |
| --- | --- |
| 学习和研究党的创新理论 | 学习党的创新理论,以党委理论学习中心组、"三会一课"为基本形式,通过专题报告、学习讨论、党员自学等方式,深刻理解党的最新理论成果;加强党建理论研究 |
| 党的群众路线教育实践活动 | 学习教育全覆盖,党员群众齐参与;健全机构严组织;对教育实践活动全程指导和督导;组织学习强党性,帮助党员干部强化思想认识;听取意见范围广,为查摆问题奠定基础;查摆问题不遮掩,反思自身不足;深刻剖析挖根源,对照材料检查;坦诚相待提意见,接受民主评议;整改落实"回头看",公开整改落实进展 |
| "三严三实"专题教育 | 专题教育全覆盖,党员干部全程参与;党组研究定计划,有序推进和落实;党组书记带头讲党课,以上率下;组织专题研讨,深化认识;争先创优树典型,营造良好气氛;上下联动找问题,剖析思想挖根源;开展批评讲团结,全面推进整改落实 |
| "两学一做"学习教育 | 制定方案,成立机构,统筹规划,分解任务,明确职责,压实责任;以上率下,层层推进,监督指导,确保实效;认真落实,组织学习,学做结合,突出特点;严肃认真,开展自查,深入一线,夯实基础;培育楷模,引导激励,创新方式,加强宣传 |

## (三)组织建设:提升党的组织新活力

全面从严治党必须加强党的自身组织建设。国投集团坚持以党的十八大以来历届全会精神和习近平总书记系列重要讲话精神为指导,多措并举,切实加强党的组织建设和党员队伍建设,提升党组织组织力和党员活力,发挥党组织领导作用,以及基层党组织的战斗堡垒作用和党员先锋模范作用。坚持党管人才原则,深入实施"人才强企"战略,不断完善人才引进、培训等机制和措施,打造过硬队伍,为打造具有全球竞争力的世界一流资本投资公司提供智力支撑和人才保障。国投集团组织建设的举措,如表8-4所示。

表8-4　　　　　　　　国投集团组织建设的举措

| 主要方面 | 具体举措 |
| --- | --- |
| 压实党建工作责任 | 签订党建目标责任书,压实主体责任;实现党建述职考核评议全覆盖 |
| 建设高素质专业化干部队伍 | 严格选拔任用干部,规范议事规则和决策程序;优化干部队伍结构,选拔经过实践考验的优秀干部;从严监督管理干部,坚持严管厚爱;加强人才队伍建设,科学统筹规划,加大人才引进培养力度;创新人才发展机制,设立人力资源服务公司,建立人力资源共享平台;完善激励约束评价考核机制 |
| 提升基层党组织组织力 | 发挥基层党组织战斗堡垒作用,规范组织设置,严格执行组织按期换届;加强混合所有制和境外企业党组织建设;配强配齐党务工作力量;加强党员队伍建设,严把党员发展关;推进党建工作信息化网络化,实现党组织教育全覆盖 |
| 争先创优树典型 | 坚持从严治党,政治引领力强;攻坚克难勇担当,推动发展力强;服务集团战略,改革创新力强;围绕中心抓重点,凝聚保障力强。开展四强党支部建设,持续加强和改进党建工作,涌现出大批先进典型 |

## (四)作风建设:营造风清气正新生态

党的十八大以来,党中央高度重视作风建设,把作风建设放在人心向背和反腐败切入口的高度,并强调指出,作风建设永远在路上。国投集团深入落实作风建设新要求,以党风廉政建设"两个责任"为抓手,切实加强党风廉政建设和反腐败工作,严格落实中央八项规定精神,锲而不舍地抓好作风建设,倾力打造"廉洁国投",为改革发展营造了风清气正的良好氛围。国投集团作风建设的举措如表 8-5 所示。

表 8-5　　　　　　　　　国投集团作风建设的举措

| 主要方面 | 具体举措 |
| --- | --- |
| 强化作风建设 | 结合"两学一做"学习教育常态化制度化,组织开展"务实作风建设,岗位建功立业"主题活动,切实做好党组中心组专题学习讨论、各级党组织专题学习讨论、党员领导干部查摆问题整改等工作,激励、引导各级党员领导进一步求真务实、振奋精神,履行岗位职责,积极担当作为,以更加务实、更加创新、更加有活力、更加有激情的工作作风把工作做得更好,助推全面深化改革 |
| 加强党风廉政建设和反腐败工作 | 严格落实党组的主体责任,组织签订责任书,强化责任落实,开展廉洁谈话;以多种形式推进党风廉政建设工作;摸清底数,打牢政治生态建设基础;推进党风廉政建设考核评价工作;加强对控股投资企业的监督指导 |
| 落实中央八项规定精神,整治"四风" | 国投以作风建设为主线,持之以恒贯彻落实中央八项规定精神,密切关注享乐主义、奢靡之风新动向新表现,深挖细抠各类"四风"问题反弹,把落实中央八项规定精神常态化、长效化;组织学习宣传教育,严格加强监督检查 |
| 倾力打造"廉洁国投" | 党的十八大以来,国投逐步加强对各级党员领导干部和全体员工理想信念的教育,把树立正确的世界观、人生观、价值观作为国投人的"压舱石"和人生航船正确行驶的"方向盘",切实把理想信念教育贯彻于党风廉政建设的全过程。通过开展"廉洁国投"宣传月活动、各级党组织书记党风廉政建设、廉洁从业专题党课,集体组织观看反腐倡廉警示教育资料片,制作"廉洁国投"宣传展板,按季度出版"廉洁国投"期刊等方式,推进"廉洁国投"文化建设,展现"廉洁国投"的良好风貌 |

## （五）纪律建设：构建正风肃纪新机制

习近平总书记多次强调，党要管党、从严治党，要严明党的纪律，加强党的纪律建设，把守纪律讲规矩摆在更加重要的位置。国投集团有效运用监督执纪"四种形态"，加强监督执纪问责，严格落实党风廉政建设监督责任，推进全面从严治党；坚持开展内部巡视工作，督促整改落实，充分发挥巡视"利剑"的震慑遏制作用；不断加强纪检监察队伍建设，为推进纪律建设和国投持续发展提供人才保障。国投集团纪律建设的举措如表8-6所示。

表8-6　　　　　　　　国投集团纪律建设的举措

| 主要方面 | 具体举措 |
| --- | --- |
| 强化监督执纪问责 | 集体约谈纪检监察工作负责人；先后约谈二级单位负责人、被巡视企业党政主要负责人；赴成员企业调研检查；"抓早抓小"与"严肃惩治"并举 |
| 发挥巡视利剑作用 | 开展内部巡视工作：截至2016年，国投集团完成第一轮内部巡视全覆盖，巡视集团成员企业和重点监控企业64家；2017年，党组三个巡视组共巡视企业12家，回访企业14家；督促整改落实 |
| 加强纪检监察队伍建设 | 规范纪检监察组织建设：推进"总部—子公司—投资企业"三级联动的纪检监察机构建设，在体量较大、管理人员较多的子公司和投资企业均实行纪委书记专职制度，并单独设立纪检监察部门；在规模较小、人员较少的单位均明确纪检监察工作分管领导，并设立专兼职工作人员相结合的纪检监察队伍。目前，国投集团共有纪检监察机构34个，纪检监察专职人员105名，兼职人员104名。强化专业培训：2011年以来，国投党组纪检组持续开展集团纪委书记、纪检监察工作人员培训，并与纪检监察学院建立良好的合作关系；打造纪检监察人才平台，将纪检监察和巡视打造成为公司管理人才培养的平台，选拔推荐勤恳敬业、表现突出的纪检监察干部交流任职，形成"遴选—培养—使用"良性循环的纪检监察系统 |

## （六）制度建设：开创从严治党新格局

党的十九大报告明确指出，全面推进党的政治建设、思想建设、组织建设、作风建设、纪律建设，把制度建设贯穿其中，深入推进反腐败斗争，不断提高党的建设质量。国投集团党组严格落实中央关于制度建设的决策部署，以强化制度体系和完善体制机制为主线，以夯实基层党建工作基础为目标，从党建管理、干部管理、廉政建设等方面，狠抓党的制度建设，开创管党治党新格局。国投集团制度建设的举措如表8-7所示。

表8-7　　　　　　　　　国投集团制度建设的举措

| 主要方面 | 具体举措 |
| --- | --- |
| 构建制度治党新体系 | 编制党建工作规划；建立统一的制度体系：国投党组在贯彻执行党章党规的同时，不断加强党建制度体系建设，贯彻中央对国有企业党建制度的要求，在集团公司总部、子公司、投资控股企业完善以党委"16＋N"、支部"7＋N"制度为架构的上下统一的党建制度体系 |
| 构建干部管理制度新体系 | 完善选人用人机制，制定出台近20部规章制度；创新干部管理机制：先后进行了总部职能重塑优化改革，推进子公司分类授权，做实子公司董事会，推动股权董事改革，推进市场化选聘经理人等，充分激发了活力；建立干部容错纠错机制：制定《关于深化改革，鼓励创新，建立容错纠错机制的指导意见（试行）》，完善干部容错纠错机制，营造鼓励创新、允许试错、宽容失败的机制和环境，最大限度地调动广大干部员工干事创业的积极性、主动性、创造性 |
| 构建廉政制度建设新体系 | 出台7类28项党风廉政建设制度。2017年，国投集团对党风廉政建设制度进行系统梳理完善，进一步夯实制度基础，扎紧制度的笼子。编制《监督执纪与经营管理融合工作指导手册》初稿，明确21个重点管理事项，针对82个重点环节，逐一梳理列出"正面清单——应该怎么做""负面清单——不得（能）怎么做"，并根据制度，列出"罚则规定——违反正面清单或触及负面清单如何处理" |

## （七）舆论宣传：展示企业风貌新气象

党的十八大以来，习近平总书记对党的新闻舆论工作提出许多新思想、新理念、新要求。国投集团紧紧围绕学习、宣传、贯彻党的重大会议精神和决策部署主线，积极服务国投改革转型、创新发展大局，加强舆论宣传工作，把握正确的舆论导向，全面提高舆论引导能力，弘扬时代主旋律，传递社会正能量。国投集团通过充分发挥新闻宣传、信息整合发布、编辑展示三大专业平台作用，集中重点、焦点、亮点、热点，结合企业实际精心设置主题，组织开展高层次全覆盖的宣传报道，注重传统媒体与新媒体融合联动，注重内宣与外宣的优势互补，加强线上线下互动传播，形成良好的舆论态势，对内凝聚人心，统一员工思想，鼓舞员工士气，对外展示企业风貌，提升企业形象，为做强做优做大国投事业、实现国投更高质量发展打造良好环境、营造良好氛围。国投集团舆论宣传的措施如表8-8所示。

表8-8　　　　　　　　国投集团舆论宣传的举措

| 主要方面 | 具体举措 |
| --- | --- |
| 打造国企改革先锋形象 | 树立改革先锋形象，广泛传播发展成就和改革经验模式；抓住重大节点，进行精准传播，扩大影响力；创新宣传理念，拓宽渠道，传播国投好声音；瞄准时机，拓展海外宣传，助力拓展国际业务；策划形象广告，传播国投品牌 |
| 讲好国投故事 | 挖掘基层先进典型，感染员工，凝聚士气，传播国投文化；聚焦精准扶贫，展现国投担当；与主流媒体广泛开展合作，扩大国投故事影响力 |

续前表

| 主要方面 | 具体举措 |
| --- | --- |
| 发挥新媒体平台的作用 | 积极适应移动互联和新媒体时代，运用"互联网+"，拓展丰富完善新媒体平台，打造齐备的新媒体矩阵；整合媒体资源，上下联动，发挥集团效应，营造良好舆论氛围 |
| 创新多元化舆论宣传渠道 | 整合信息发布专业化平台，立足线上线下，创新形式，打造完备的信息港；加强编辑展示专业化建设，打造精品报告和出版物，提升国投品牌影响力；开展舆论引导，突出反馈作用；开展新闻媒体全方位培训，提升舆论宣传能力 |

## （八）文化引领：延伸党建工作新领域

在国投集团党组的正确领导下，国投集团认真学习和贯彻习近平新时代中国特色社会主义思想，落实中央、国资委决策部署，以培育和践行社会主义核心价值观为根本，围绕"为出资人、为社会、为员工"的企业宗旨，坚持创新发展，通过选树推广重大先进典型、创新企业文化宣传模式、开展特色主题文化活动、积极培育企业精神等多元化举措，深入推进企业文化和精神文明建设，凝聚员工、激励员工，为国投集团实现全面深化改革战略目标提供强大的精神动力。国投集团文化引领的举措，如表8-9所示。

表8-9　　　　　　国投集团文化引领的举措

| 主要方面 | 具体举措 |
| --- | --- |
| 推进企业文化建设 | 指导成员企业推进企业文化建设<br>创新企业文化宣传模式 |
| 开展特色主题活动 | 编制发布《国投企业文化故事精选集》<br>"激励国投"十大要事特色品牌活动 |

续前表

| 主要方面 | 具体举措 |
|---|---|
| 推进精神文明建设 | 践行社会主义核心价值观<br>培育企业精神，促进集团发展<br>推进全集团文明单位创建 |

## （九）群团共建：凝聚持续发展新力量

多年来，国投集团党组深入贯彻落实中央精神，高度重视群团工作，将群团建设纳入党建工作总体部署和年度党建工作要点，以党建带工建、团建，充分发挥工会、共青团等群团组织的桥梁纽带作用，以群团建设新突破建立机制，以员工关爱新成效凝聚人心，通过组织建设、班组建设、青年活动、人文关怀等方面引领广大员工凝心聚力、为党分忧、为改革助力、为发展建功。国投集团群团共建的举措，如表8-10所示。

表8-10　　　　　　　　国投集团群团共建的举措

| 主要方面 | 具体举措 |
|---|---|
| 发挥组织优势 | 加强工会组织建设，提高工会干部职业素养；全面推进从严治团，打造高素质团干部队伍，明确党组专职副书记分管并每年专题研究，强化党对共青团和青年工作的领导；着力构建"国投集团团委—直属团委/子公司团委—投资企业团组织"各司其职的三级工作模式；深化民主管理，维护职工权益，建立健全以职工代表大会为基本形式的企业民主管理制度，落实职工代表大会制度、职工董事职工监事制度及其他形式的厂务公开民主管理制度 |
| 引导岗位建功 | 国投集团通过加强班组建设、开展劳动竞赛引导员工立足岗位建功立业，充分调动员工积极性、主动性、创造性，服务集团改革发展，发挥员工主力军作用 |

续前表

| 主要方面 | 具体举措 |
| --- | --- |
| 深化团青活动 | 构建"六位一体"工作总体格局，充分落实董事长提出的"做先锋、当闯将、挑重担"的国投"团九条"要求，以组织网络覆盖青年，以思想教育引导青年，以品牌活动吸引青年，以先进典型激励青年，提升团组织对青年的吸引力，切实发挥青年生力军作用，为集团深化改革、转型升级、创新发展作出贡献 |
| 注重人文关怀 | 多种形式送温暖，拓宽员工关爱覆盖面；创新方式，打造国投"幸福＋"关爱品牌；组织特色文体活动，增强员工凝聚力；发挥统战人士优势，共谋发展大业 |

# 附录一

## 中共中央、国务院关于深化国有企业改革的指导意见

中发〔2015〕22 号

国有企业属于全民所有,是推进国家现代化、保障人民共同利益的重要力量,是我们党和国家事业发展的重要物质基础和政治基础。改革开放以来,国有企业改革发展不断取得重大进展,总体上已经同市场经济相融合,运行质量和效益明显提升,在国际国内市场竞争中涌现出一批具有核心竞争力的骨干企业,为推动经济社会发展、保障和改善民生、开拓国际市场、增强我国综合实力作出了重大贡献,国有企业经营管理者队伍总体上是好的,广大职工付出了不懈努力,成就是突出的。但也要看到,国有企业仍然存在一些亟待解决的突出矛盾和问题,一些企业市场

主体地位尚未真正确立，现代企业制度还不健全，国有资产监管体制有待完善，国有资本运行效率需进一步提高；一些企业管理混乱，内部人控制、利益输送、国有资产流失等问题突出，企业办社会职能和历史遗留问题还未完全解决；一些企业党组织管党治党责任不落实、作用被弱化。面向未来，国有企业面临日益激烈的国际竞争和转型升级的巨大挑战。在推动我国经济保持中高速增长和迈向中高端水平、完善和发展中国特色社会主义制度、实现中华民族伟大复兴中国梦的进程中，国有企业肩负着重大历史使命和责任。要认真贯彻落实党中央、国务院战略决策，按照"四个全面"战略布局的要求，以经济建设为中心，坚持问题导向，继续推进国有企业改革，切实破除体制机制障碍，坚定不移做强做优做大国有企业。为此，提出以下意见。

## 一、总体要求

（一）指导思想

高举中国特色社会主义伟大旗帜，认真贯彻落实党的十八大和十八届三中、四中全会精神，深入学习贯彻习近平总书记系列重要讲话精神，坚持和完善基本经济制度，坚持社会主义市场经济改革方向，适应市场化、现代化、国际化新形势，以解放和发展社会生产力为标准，以提高国有资本效率、增强国有企业活力为中心，完善产权清晰、权责明确、政企分开、管理科学的现代企业制度，完善国有资产监管体制，防止国有资产流失，全面推进依法治企，加强和改进党对国有企业的领导，做强做优做大国有企业，不断增强国有经济活力、控制力、影响力、抗风险能力，主动适应和引领经济发展新常态，为促进经济社会持续健康发展、实现中华民族伟大复兴中国梦作出积极贡献。

（二）基本原则

——坚持和完善基本经济制度。这是深化国有企业改革必须把握的根本要求。必须毫不动摇巩固和发展公有制经济，毫不动摇鼓励、支持、引导非公有制经济发展。坚持公有制主体地位，发挥国有经济主导作用，积极促进国有资本、集体资本、非公有资本等交叉持股、相互融合，推动各种所有制资本取长补短、相互促进、共同发展。

——坚持社会主义市场经济改革方向。这是深化国有企业改革必须遵循的基本规律。国有企业改革要遵循市场经济规律和企业发展规律，坚持政企分开、政资分开、所有权与经营权分离，坚持权利、义务、责任相统一，坚持激励机制和约束机制相结合，促使国有企业真正成为依法自主经营、自负盈亏、自担风险、自我约束、自我发展的独立市场主体。社会主义市场经济条件下的国有企业，要成为自觉履行社会责任的表率。

——坚持增强活力和强化监管相结合。这是深化国有企业改革必须把握的重要关系。增强活力是搞好国有企业的本质要求，加强监管是搞好国有企业的重要保障，要切实做到两者的有机统一。继续推进简政放权，依法落实企业法人财产权和经营自主权，进一步激发企业活力、创造力和市场竞争力。进一步完善国有企业监管制度，切实防止国有资产流失，确保国有资产保值增值。

——坚持党对国有企业的领导。这是深化国有企业改革必须坚守的政治方向、政治原则。要贯彻全面从严治党方针，充分发挥企业党组织政治核心作用，加强企业领导班子建设，创新基层党建工作，深入开展党风廉政建设，坚持全心全意依靠工人阶级，维护职工合法权益，为国有企业改革发展提供坚强有力的政治保证、组织保证和人才支撑。

——坚持积极稳妥统筹推进。这是深化国有企业改革必须采用的科学方法。要正确处理推进改革和坚持法治的关系，正确处理改革发展稳定关系，正确处理搞好顶层设计和尊重基层首创精神的关系，突出问题导向，坚持分类推进，把握好改革的次序、节奏、力度，确保改革扎实推进、务求实效。

（三）主要目标

到 2020 年，在国有企业改革重要领域和关键环节取得决定性成果，形成更加符合我国基本经济制度和社会主义市场经济发展要求的国有资产管理体制、现代企业制度、市场化经营机制，国有资本布局结构更趋合理，造就一大批德才兼备、善于经营、充满活力的优秀企业家，培育一大批具有创新能力和国际竞争力的国有骨干企业，国有经济活力、控制力、影响力、抗风险能力明显增强。

——国有企业公司制改革基本完成，发展混合所有制经济取得积极进展，法人治理结构更加健全，优胜劣汰、经营自主灵活、内部管理人员能上能下、员工能进能出、收入能增能减的市场化机制更加完善。

——国有资产监管制度更加成熟,相关法律法规更加健全,监管手段和方式不断优化,监管的科学性、针对性、有效性进一步提高,经营性国有资产实现集中统一监管,国有资产保值增值责任全面落实。

——国有资本配置效率显著提高,国有经济布局结构不断优化、主导作用有效发挥,国有企业在提升自主创新能力、保护资源环境、加快转型升级、履行社会责任中的引领和表率作用充分发挥。

——企业党的建设全面加强,反腐倡廉制度体系、工作体系更加完善,国有企业党组织在公司治理中的法定地位更加巩固,政治核心作用充分发挥。

## 二、分类推进国有企业改革

(四)划分国有企业不同类别。根据国有资本的战略定位和发展目标,结合不同国有企业在经济社会发展中的作用、现状和发展需要,将国有企业分为商业类和公益类。通过界定功能、划分类别,实行分类改革、分类发展、分类监管、分类定责、分类考核,提高改革的针对性、监管的有效性、考核评价的科学性,推动国有企业同市场经济深入融合,促进国有企业经济效益和社会效益有机统一。按照谁出资谁分类的原则,由履行出资人职责的机构负责制定所出资企业的功能界定和分类方案,报本级政府批准。各地区可结合实际,划分并动态调整本地区国有企业功能类别。

（五）推进商业类国有企业改革。商业类国有企业按照市场化要求实行商业化运作，以增强国有经济活力、放大国有资本功能、实现国有资产保值增值为主要目标，依法独立自主开展生产经营活动，实现优胜劣汰、有序进退。

主业处于充分竞争行业和领域的商业类国有企业，原则上都要实行公司制股份制改革，积极引入其他国有资本或各类非国有资本实现股权多元化，国有资本可以绝对控股、相对控股，也可以参股，并着力推进整体上市。对这些国有企业，重点考核经营业绩指标、国有资产保值增值和市场竞争能力。

主业处于关系国家安全、国民经济命脉的重要行业和关键领域、主要承担重大专项任务的商业类国有企业，要保持国有资本控股地位，支持非国有资本参股。对自然垄断行业，实行以政企分开、政资分开、特许经营、政府监管为主要内容的改革，根据不同行业特点实行网运分开、放开竞争性业务，促进公共资源配置市场化；对需要实行国有全资的企业，也要积极引入其他国有资本实行股权多元化；对特殊业务和竞争性业务实行业务板块有效分离，独立运作、独立核算。对这些国有企业，在考核经营业绩指标和国有资产保值增值情况的同时，加强对服务国家战略、保障国家安全和国民经济运行、发展前瞻性战略性产业以及完成特殊任务的考核。

（六）推进公益类国有企业改革。公益类国有企业以保障民生、服务社会、提供公共产品和服务为主要目标，引入市场机制，提高公共服务效率和能力。这类企业可以采取国有独资形式，具备条件的也可以推行投资主体多元化，还可以通过购买服务、特许经营、委托代理等方式，鼓励非国有企业参与经营。对公益类国有企业，重点考核成本控制、产品服务质量、营运效率和保障能力，根据企业不同特点有区别地考核经营业绩指标和国有资产保值增值情况，考核中要引入社会评价。

### 三、完善现代企业制度

（七）推进公司制股份制改革。加大集团层面公司制改革力度，积极引入各类投资者实现股权多元化，大力推动国有企业改制上市，创造条件实现集团公司整体上市。根据不同企业的功能定位，逐步调整国有股权比例，形成股权结构多元、股东行为规范、内部约束有效、运行高效灵活的经营机制。允许将部分国有资本转化为优先股，在少数特定领域探索建立国家特殊管理股制度。

（八）健全公司法人治理结构。重点是推进董事会建设，建立健全权责对等、运转协调、有效制衡的决策执行监督机制，规范董事长、总经理行权行为，充分发挥董事会的决策作用、监事会的监督作用、经理层的经营管理作用、党组织的政治核心作用，切实解决一些企业董事会形同虚设、"一把手"说了算的问题，实现规范的公司治理。要切实落实和维护董事会依法行使重大决策、选人用人、薪酬分配等权利，保障经理层经营自主权，法无授权任何政府部门和机构不得干预。加强董事会内部的制衡约束，国有独资、全资公司的董事会和监事会均应有职工代表，董事会外部董事应占多数，落实一人一票表决制度，董事对董事会决议承担责任。改进董事会和董事评价办法，强化对董事的考核评价和管理，对重大决策失误负有直接责任的要及时调整或解聘，并依法追究责任。进一步加强外部董事队伍建设，拓宽来源渠道。

（九）建立国有企业领导人员分类分层管理制度。坚持党管干部原则与董事会依法产生、董事会依法选择经营管理者、经营管理者依法行使用人权相结合，不断创新有效实现形式。上级党组织和国有资产监管机构按照管理权限加强对国有企业领导人员的管理，广开推荐渠道，依规考察提名，严格履行选用程序。根据不同企业类别和层级，实行选任制、委任制、聘任制等不同选人用人方式。推行职业经理人制度，实行内部培养和外部引进相结合，畅通现有经营管理者与职业经理人身份转换通道，董事会按市场化方式选聘和管理职业经理人，合理增加市场化选聘比例，加快建立退出机制。推行企业经理层成员任期制和契约化管理，明确责任、权利、义务，严格任期管理和目标考核。

（十）实行与社会主义市场经济相适应的企业薪酬分配制度。企业内部的薪酬分配权是企业的法定权利，由企业依法依规自主决定，完善既有激励又有约束、既讲效率又讲公平、既符合企业一般规律又体现国有企业特点的分配机制。建立健全与劳动力市场基本适应、与企业经济效益和劳动生产率挂钩的工资决定和正常增长机制。推进全员绩效考核，以业绩为导向，科学评价不同岗位员工的贡献，合理拉开收入分配差距，切实做到收入能增能减和奖惩分明，充分调动广大职工积极性。对国有企业领导人员实行与选任方式相匹配、与企业功能性质相适应、与经营业绩相挂钩的差异化薪酬分配办法。对党中央、国务院和地方党委、政府及其部门任命的国有企业领导人员，合理确定基本年薪、绩效年薪和任期激励收入。对市场化选聘的职业经理人实行市场化薪酬分配机制，可以采取多种方式探索完善中长期激励机制。健全与激励机制相对称的经济责任审计、信息披露、延期支付、追索扣回等约束机制。严格规范履职待遇、业务支出，严禁将公款用于个人支出。

（十一）深化企业内部用人制度改革。建立健全企业各类管理人员公开招聘、竞争上岗等制度，对特殊管理人员可以通过委托人才中介机构推荐等方式，拓宽选人用人视野和渠道。建立分级分类的企业员工市场化公开招聘制度，切实做到信息公开、过程公开、结果公开。构建和谐劳动关系，依法规范企业各类用工管理，建立健全以合同管理为核心、以岗位管理为基础的市场化用工制度，真正形成企业各类管理人员能上能下、员工能进能出的合理流动机制。

## 四、完善国有资产管理体制

（十二）以管资本为主推进国有资产监管机构职能转变。国有资产监管机构要准确把握依法履行出资人职责的定位，科学界定国有资产出资人监管的边界，建立监管权力清单和责任清单，实现以管企业为主向以管资本为主的转变。该管的要科学管理、决不缺位，重点管好国有资本布局、规范资本运作、提高资本回报、维护资本安全；不该管的要依法放权、决不越位，将依法应由企业自主经营决策的事项归位于企业，将延伸到子企业的管理事项原则上归位于一级企业，将配合承担的公共管理职能归位于相关政府部门和单位。大力推进依法监管，着力创新监管方式和手段，改变行政化管理方式，改进考核体系和办法，提高监管的科学性、有效性。

（十三）以管资本为主改革国有资本授权经营体制。改组组建国有资本投资、运营公司，探索有效的运营模式，通过开展投资融资、产业培育、资本整合，推动产业集聚和转型升级，优化国有资本布局结构；通过股权运作、价值管理、有序进退，促进国有资本合理流动，实现保值增值。科学界定国有资本所有权和经营权的边界，国有资产监管机构依法对国有资本投资、运营公司和其他直接监管的企业履行出资人职责，并授权国有资本投资、运营公司对授权范围内的国有资本履行出资人职责。国有资本投资、运营公司作为国有资本市场化运作的专业平台，依法自主开展国有资本运作，对所出资企业行使股东职责，按照责权对应原则切实承担起国有资产保值增值责任。开展政府直接授权国有资本投资、运营公司履行出资人职责的试点。

（十四）以管资本为主推动国有资本合理流动优化配置。坚持以市场为导向、以企业为主体，有进有退、有所为有所不为，优化国有资本布局结构,增强国有经济整体功能和效率。紧紧围绕服务国家战略,落实国家产业政策和重点产业布局调整总体要求,优化国有资本重点投资方向和领域,推动国有资本向关系国家安全、国民经济命脉和国计民生的重要行业和关键领域、重点基础设施集中,向前瞻性战略性产业集中,向具有核心竞争力的优势企业集中。发挥国有资本投资、运营公司的作用,清理退出一批、重组整合一批、创新发展一批国有企业。建立健全优胜劣汰市场化退出机制,充分发挥失业救济和再就业培训等的作用,解决好职工安置问题,切实保障退出企业依法实现关闭或破产,加快处置低效无效资产,淘汰落后产能。支持企业依法合规通过证券交易、产权交易等资本市场,以市场公允价格处置企业资产,实现国有资本形态转换,变现的国有资本用于更需要的领域和行业。推动国有企业加快管理创新、商业模式创新,合理限定法人层级,有效压缩管理层级。发挥国有企业在实施创新驱动发展战略和制造强国战略中的骨干和表率作用,强化企业在技术创新中的主体地位,重视培养科研人才和高技能人才。支持国有企业开展国际化经营,鼓励国有企业之间以及与其他所有制企业以资本为纽带,强强联合、优势互补,加快培育一批具有世界一流水平的跨国公司。

(十五)以管资本为主推进经营性国有资产集中统一监管。稳步将党政机关、事业单位所属企业的国有资本纳入经营性国有资产集中统一监管体系,具备条件的进入国有资本投资、运营公司。加强国有资产基础管理,按照统一制度规范、统一工作体系的原则，抓紧制定企业国有资产基础管理条例。建立覆盖全部国有企业、分级管理的国有资本经营预算管理制度，提高国有资本收益上缴公共财政比例，2020年提高到30%，更多用于保障和改善民生。划转部分国有资本充实社会保障基金。

## 五、发展混合所有制经济

（十六）推进国有企业混合所有制改革。以促进国有企业转换经营机制，放大国有资本功能，提高国有资本配置和运行效率，实现各种所有制资本取长补短、相互促进、共同发展为目标，稳妥推动国有企业发展混合所有制经济。对通过实行股份制、上市等途径已经实行混合所有制的国有企业，要着力在完善现代企业制度、提高资本运行效率上下功夫；对于适宜继续推进混合所有制改革的国有企业，要充分发挥市场机制作用，坚持因地施策、因业施策、因企施策，宜独则独、宜控则控、宜参则参，不搞拉郎配，不搞全覆盖，不设时间表，成熟一个推进一个。改革要依法依规、严格程序、公开公正，切实保护混合所有制企业各类出资人的产权权益，杜绝国有资产流失。

（十七）引入非国有资本参与国有企业改革。鼓励非国有资本投资主体通过出资入股、收购股权、认购可转债、股权置换等多种方式，参与国有企业改制重组或国有控股上市公司增资扩股以及企业经营管理。实行同股同权，切实维护各类股东合法权益。在石油、天然气、电力、铁路、电信、资源开发、公用事业等领域，向非国有资本推出符合产业政策、有利于转型升级的项目。依照外商投资产业指导目录和相关安全审查规定，完善外资安全审查工作机制。开展多类型政府和社会资本合作试点，逐步推广政府和社会资本合作模式。

（十八）鼓励国有资本以多种方式入股非国有企业。充分发挥国有资本投资、运营公司的资本运作平台作用，通过市场化方式，以公共服务、高新技术、生态环保、战略性产业为重点领域，对发展潜力大、成长性强的非国有企业进行股权投资。鼓励国有企业通过投资入股、联合投资、重组等多种方式，与非国有企业进行股权融合、战略合作、资源整合。

（十九）探索实行混合所有制企业员工持股。坚持试点先行，在取得经验基础上稳妥有序推进，通过实行员工持股建立激励约束长效机制。优先支持人才资本和技术要素贡献占比较高的转制科研院所、高新技术企业、科技服务型企业开展员工持股试点，支持对企业经营业绩和持续发展有直接或较大影响的科研人员、经营管理人员和业务骨干等持股。员工持股主要采取增资扩股、出资新设等方式。完善相关政策，健全审核程序，规范操作流程，严格资产评估，建立健全股权流转和退出机制，确保员工持股公开透明，严禁暗箱操作，防止利益输送。

## 六、强化监督防止国有资产流失

（二十）强化企业内部监督。完善企业内部监督体系，明确监事会、审计、纪检监察、巡视以及法律、财务等部门的监督职责，完善监督制度，增强制度执行力。强化对权力集中、资金密集、资源富集、资产聚集的部门和岗位的监督,实行分事行权、分岗设权、分级授权,定期轮岗,强化内部流程控制,防止权力滥用。建立审计部门向董事会负责的工作机制。落实企业内部监事会对董事、经理和其他高级管理人员的监督。进一步发挥企业总法律顾问在经营管理中的法律审核把关作用,推进企业依法经营、合规管理。集团公司要依法依规、尽职尽责加强对子企业的管理和监督。大力推进厂务公开,健全以职工代表大会为基本形式的企业民主管理制度,加强企业职工民主监督。

(二十一)建立健全高效协同的外部监督机制。强化出资人监督,加快国有企业行为规范法律法规制度建设,加强对企业关键业务、改革重点领域、国有资本运营重要环节以及境外国有资产的监督,规范操作流程,强化专业检查,开展总会计师由履行出资人职责机构委派的试点。加强和改进外派监事会制度,明确职责定位,强化与有关专业监督机构的协作,加强当期和事中监督,强化监督成果运用,建立健全核查、移交和整改机制。健全国有资本审计监督体系和制度,实行企业国有资产审计监督全覆盖,建立对企业国有资本的经常性审计制度。加强纪检监察监督和巡视工作,强化对企业领导人员廉洁从业、行使权力等的监督,加大大案要案查处力度,狠抓对存在问题的整改落实。整合出资人监管、外派监事会监督和审计、纪检监察、巡视等监督力量,建立监督工作会商机制,加强统筹,创新方式,共享资源,减少重复检查,提高监督效能。建立健全监督意见反馈整改机制,形成监督工作的闭环。

（二十二）实施信息公开加强社会监督。完善国有资产和国有企业信息公开制度，设立统一的信息公开网络平台，依法依规、及时准确披露国有资本整体运营和监管、国有企业公司治理以及管理架构、经营情况、财务状况、关联交易、企业负责人薪酬等信息，建设阳光国企。认真处理人民群众关于国有资产流失等问题的来信、来访和检举，及时回应社会关切。充分发挥媒体舆论监督作用，有效保障社会公众对企业国有资产运营的知情权和监督权。

（二十三）严格责任追究。建立健全国有企业重大决策失误和失职、渎职责任追究倒查机制，建立和完善重大决策评估、决策事项履职记录、决策过错认定标准等配套制度，严厉查处侵吞、贪污、输送、挥霍国有资产和逃废金融债务的行为。建立健全企业国有资产的监督问责机制，对企业重大违法违纪问题敷衍不追、隐匿不报、查处不力的，严格追究有关人员失职渎职责任，视不同情形给予纪律处分或行政处分，构成犯罪的，由司法机关依法追究刑事责任。

## 七、加强和改进党对国有企业的领导

（二十四）充分发挥国有企业党组织政治核心作用。把加强党的领导和完善公司治理统一起来，将党建工作总体要求纳入国有企业章程，明确国有企业党组织在公司法人治理结构中的法定地位，创新国有企业党组织发挥政治核心作用的途径和方式。在国有企业改革中坚持党的建设同步谋划、党的组织及工作机构同步设置、党组织负责人及党务工作人员同步配备、党的工作同步开展，保证党组织工作机构健全、党务工作者队伍稳定、党组织和党员作用得到有效发挥。坚持和完善双向进入、交叉任职的领导体制，符合条件的党组织领导班子成员可以通过法定程序进入董事会、监事会、经理层，董事会、监事会、经理层成员中符合条件的党员可以依照有关规定和程序进入党组织领导班子；经理层成员与党组织领导班子成员适度交叉任职；董事长、总经理原则上分设，党组织书记、董事长一般由一人担任。

国有企业党组织要切实承担好、落实好从严管党治党责任。坚持从严治党、思想建党、制度治党，增强管党治党意识，建立健全党建工作责任制，聚精会神抓好党建工作，做到守土有责、守土负责、守土尽责。党组织书记要切实履行党建工作第一责任人职责，党组织班子其他成员要切实履行"一岗双责"，结合业务分工抓好党建工作。中央企业党组织书记同时担任企业其他主要领导职务的，应当设立1名专职抓企业党建工作的副书记。加强国有企业基层党组织建设和党员队伍建设，强化国有企业基层党建工作的基础保障，充分发挥基层党组织战斗堡垒作用、共产党员先锋模范作用。加强企业党组织对群众工作的领导，发挥好工会、共青团等群团组织的作用，深入细致做好职工群众的思想政治工作。把建立党的组织、开展党的工作，作为国有企业推进混合所有制改革的必要前提，根据不同类型混合所有制企业特点，科学确定党组织的设置方式、职责定位、管理模式。

（二十五）进一步加强国有企业领导班子建设和人才队伍建设。根据企业改革发展需要，明确选人用人标准和程序，创新选人用人方式。强化党组织在企业领导人员选拔任用、培养教育、管理监督中的责任，支持董事会依法选择经营管理者、经营管理者依法行使用人权，坚决防止和整治选人用人中的不正之风。加强对国有企业领导人员尤其是主要领导人员的日常监督管理和综合考核评价，及时调整不胜任、不称职的领导人员，切实解决企业领导人员能上不能下的问题。以强化忠诚意识、拓展世界眼光、提高战略思维、增强创新精神、锻造优秀品行为重点，加强企业家队伍建设，充分发挥企业家作用。大力实施人才强企战略，加快建立健全国有企业集聚人才的体制机制。

（二十六）切实落实国有企业反腐倡廉"两个责任"。国有企业党组织要切实履行好主体责任，纪检机构要履行好监督责任。加强党性教育、法治教育、警示教育，引导国有企业领导人员坚定理想信念，自觉践行"三严三实"要求，正确履职行权。建立切实可行的责任追究制度，与企业考核等挂钩，实行"一案双查"。推动国有企业纪律检查工作双重领导体制具体化、程序化、制度化，强化上级纪委对下级纪委的领导。加强和改进国有企业巡视工作，强化对权力运行的监督和制约。坚持运用法治思维和法治方式反腐败，完善反腐倡廉制度体系，严格落实反"四风"规定，努力构筑企业领导人员不敢腐、不能腐、不想腐的有效机制。

## 八、为国有企业改革创造良好环境条件

（二十七）完善相关法律法规和配套政策。加强国有企业相关法律法规立改废释工作，确保重大改革于法有据。切实转变政府职能，减少审批、优化制度、简化手续、提高效率。完善公共服务体系，推进政府购买服务，加快建立稳定可靠、补偿合理、公开透明的企业公共服务支出补偿机制。完善和落实国有企业重组整合涉及的资产评估增值、土地变更登记和国有资产无偿划转等方面税收优惠政策。完善国有企业退出的相关政策，依法妥善处理劳动关系调整、社会保险关系接续等问题。

（二十八）加快剥离企业办社会职能和解决历史遗留问题。完善相关政策，建立政府和国有企业合理分担成本的机制，多渠道筹措资金，采取分离移交、重组改制、关闭撤销等方式，剥离国有企业职工家属区"三供一业"和所办医院、学校、社区等公共服务机构，继续推进厂办大集体改革，对国有企业退休人员实施社会化管理，妥善解决国有企业历史遗留问题，为国有企业公平参与市场竞争创造条件。

（二十九）形成鼓励改革创新的氛围。坚持解放思想、实事求是，鼓励探索、实践、创新。全面准确评价国有企业，大力宣传中央关于全面深化国有企业改革的方针政策，宣传改革的典型案例和经验，营造有利于国有企业改革的良好舆论环境。

（三十）加强对国有企业改革的组织领导。各级党委和政府要统一思想，以高度的政治责任感和历史使命感，切实履行对深

化国有企业改革的领导责任。要根据本指导意见，结合实际制定实施意见，加强统筹协调、明确责任分工、细化目标任务、强化督促落实，确保深化国有企业改革顺利推进，取得实效。

金融、文化等国有企业的改革，中央另有规定的依其规定执行。

# 附录二

## 国务院关于推进国有资本投资、运营公司改革试点的实施意见

国发〔2018〕23 号

各省、自治区、直辖市人民政府，国务院各部委、各直属机构：

改组组建国有资本投资、运营公司，是以管资本为主改革国有资本授权经营体制的重要举措。按照《中共中央、国务院关于深化国有企业改革的指导意见》《国务院关于改革和完善国有资产管理体制的若干意见》有关要求和党中央、国务院工作部署，为加快推进国有资本投资、运营公司改革试点工作，现提出以下实施意见。

## 一、总体要求

（一）指导思想。

全面贯彻党的十九大和十九届二中、三中全会精神，以习近平新时代中国特色社会主义思想为指导，坚持社会主义市场经济改革方向，坚定不移加强党对国有企业的领导，着力创新体制机制，完善国有资产管理体制，深化国有企业改革，促进国有资产保值增值，推动国有资本做强做优做大，有效防止国有资产流失，切实发挥国有企业在深化供给侧结构性改革和推动经济高质量发展中的带动作用。

（二）试点目标。

通过改组组建国有资本投资、运营公司，构建国有资本投资、运营主体，改革国有资本授权经营体制，完善国有资产管理体制，实现国有资本所有权与企业经营权分离，实行国有资本市场化运作。发挥国有资本投资、运营公司平台作用，促进国有资本合理流动，优化国有资本投向，向重点行业、关键领域和优势企业集中，推动国有经济布局优化和结构调整，提高国有资本配置和运营效率，更好服务国家战略需要。试点先行，大胆探索，及时研究解决改革中的重点难点问题，尽快形成可复制、可推广的经验和模式。

（三）基本原则。

**坚持党的领导。**建立健全中国特色现代国有企业制度，把党的领导融入公司治理各环节，把企业党组织内嵌到公司治理结构之中，明确和落实党组织在公司法人治理结构中的法定地位，充分发挥党组织的领导作用，确保党和国家方针政策、重大决策部署的贯彻执行。

坚持体制创新。以管资本为主加强国有资产监管，完善国有资本投资运营的市场化机制。科学合理界定政府及国有资产监管机构，国有资本投资、运营公司和所持股企业的权利边界，健全权责利相统一的授权链条，进一步落实企业市场主体地位，培育具有创新能力和国际竞争力的国有骨干企业。

坚持优化布局。通过授权国有资本投资、运营公司履行出资人职责，促进国有资本合理流动，优化国有资本布局，使国有资本投资、运营更好地服务于国家战略目标。

坚持强化监督。正确处理好授权经营和加强监督的关系，明确监管职责，构建并强化政府监督、纪检监察监督、出资人监督和社会监督的监督体系，增强监督的协同性、针对性和有效性，防止国有资产流失。

## 二、试点内容

（一）功能定位。

国有资本投资、运营公司均为在国家授权范围内履行国有资本出资人职责的国有独资公司，是国有资本市场化运作的专业平台。公司以资本为纽带、以产权为基础依法自主开展国有资本运作，不从事具体生产经营活动。国有资本投资、运营公司对所持股企业行使股东职责，维护股东合法权益，以出资额为限承担有限责任，按照责权对应原则切实承担优化国有资本布局、提升国有资本运营效率、实现国有资产保值增值等责任。

**国有资本投资公司**主要以服务国家战略、优化国有资本布局、提升产业竞争力为目标，在关系国家安全、国民经济命脉的重要行业和关键领域，按照政府确定的国有资本布局和结构优化要求，以对战略性核心业务控股为主，通过开展投资融资、产业培育和资本运作等，发挥投资引导和结构调整作用，推动产业集聚、化解过剩产能和转型升级，培育核心竞争力和创新能力，积极参与国际竞争，着力提升国有资本控制力、影响力。

**国有资本运营公司**主要以提升国有资本运营效率、提高国有资本回报为目标，以财务性持股为主，通过股权运作、基金投资、培育孵化、价值管理、有序进退等方式，盘活国有资产存量，引导和带动社会资本共同发展，实现国有资本合理流动和保值增值。

（二）组建方式。

按照国家确定的目标任务和布局领域，国有资本投资、运营公司可采取改组和新设两种方式设立。根据国有资本投资、运营公司的具体定位和发展需要，通过无偿划转或市场化方式重组整合相关国有资本。

划入国有资本投资、运营公司的资产，为现有企业整体股权（资产）或部分股权。股权划入后，按现行政策加快剥离国有企业办社会职能和解决历史遗留问题，采取市场化方式处置不良资产和业务等。股权划入涉及上市公司的，应符合证券监管相关规定。

（三）授权机制。

按照国有资产监管机构授予出资人职责和政府直接授予出资人职责两种模式开展国有资本投资、运营公司试点。

1. 国有资产监管机构授权模式。政府授权国有资产监管机构依法对国有资本投资、运营公司履行出资人职责；国有资产监管机构根据国有资本投资、运营公司具体定位和实际情况，按照"一企一策"原则，授权国有资本投资、运营公司履行出资人职责，制定监管清单和责任清单，明确对国有资本投资、运营公司的监管内容和方式，依法落实国有资本投资、运营公司董事会职权。国有资本投资、运营公司对授权范围内的国有资本履行出资人职责。国有资产监管机构负责对国有资本投资、运营公司进行考核和评价，并定期向本级人民政府报告，重点说明所监管国有资本投资、运营公司贯彻国家战略目标、国有资产保值增值等情况。

2. 政府直接授权模式。政府直接授权国有资本投资、运营公司对授权范围内的国有资本履行出资人职责。国有资本投资、运营公司根据授权自主开展国有资本运作，贯彻落实国家战略和政策目标，定期向政府报告年度工作情况，重大事项及时报告。政府直接对国有资本投资、运营公司进行考核和评价等。

（四）治理结构。

国有资本投资、运营公司不设股东会，由政府或国有资产监管机构行使股东会职权，政府或国有资产监管机构可以授权国有资本投资、运营公司董事会行使股东会部分职权。按照中国特色现代国有企业制度的要求，国有资本投资、运营公司设立党组织、董事会、经理层，规范公司治理结构，建立健全权责对等、运转协调、有效制衡的决策执行监督机制，充分发挥党组织的领导作用、董事会的决策作用、经理层的经营管理作用。

1. 党组织。把加强党的领导和完善公司治理统一起来，充分发挥党组织把方向、管大局、保落实的作用。坚持党管干部原则与董事会依法产生、董事会依法选择经营管理者、经营管理者依法行使用人权相结合。按照"双向进入、交叉任职"的原则，符合条件的党组织领导班子成员可以通过法定程序进入董事会、经理层，董事会、经理层成员中符合条件的党员可以依照有关规定和程序进入党组织领导班子。党组织书记、董事长一般由同一人担任。对于重大经营管理事项，党组织研究讨论是董事会、经理层决策的前置程序。国务院直接授权的国有资本投资、运营公司，应当设立党组。纪检监察机关向国有资本投资、运营公司派驻纪检监察机构。

2. 董事会。国有资本投资、运营公司设立董事会，根据授权，负责公司发展战略和对外投资，经理层选聘、业绩考核、薪酬管理，向所持股企业派出董事等事项。董事会成员原则上不少于9人，由执行董事、外部董事、职工董事组成。保障国有资本投资、运营公司按市场化方式选择外部董事等权利，外部董事应在董事会中占多数，职工董事由职工代表大会选举产生。董事会设董事长1名，可设副董事长。董事会下设战略与投资委员会、提名委员会、薪酬与考核委员会、审计委员会、风险控制委员会等专门委员会。专门委员会在董事会授权范围内开展相关工作，协助董事会履行职责。

国有资产监管机构授权的国有资本投资、运营公司的执行董事、外部董事由国有资产监管机构委派。其中，外部董事由国有资产监管机构根据国有资本投资、运营公司董事会结构需求，从专职外部董事中选择合适人员担任。董事长、副董事长由国有资产监管机构从董事会成员中指定。

政府直接授权的国有资本投资、运营公司执行董事、外部董事（股权董事）由国务院或地方人民政府委派，董事长、副董事长由国务院或地方人民政府从董事会成员中指定。其中，依据国有资本投资、运营公司职能定位，外部董事主要由政府综合管理部门和相关行业主管部门提名，选择专业人士担任，由政府委派。外部董事可兼任董事会下属专门委员会主席，按照公司治理结构的议事规则对国有资本投资、运营公司的重大事项发表相关领域专业意见。

政府或国有资产监管机构委派外部董事要注重拓宽外部董事来源，人员选择要符合国有资本投资、运营公司定位和专业要求，建立外部董事评价机制，确保充分发挥外部董事作用。

3. 经理层。国有资本投资、运营公司的经理层根据董事会授权负责国有资本日常投资运营。董事长与总经理原则上不得由同一人担任。

国有资产监管机构授权的国有资本投资、运营公司党组织隶属中央、地方党委或国有资产监管机构党组织管理，领导班子及其成员的管理，以改组的企业集团为基础，根据具体情况区别对待。其中，由中管企业改组组建的国有资本投资、运营公司，领导班子及其成员由中央管理；由非中管的中央企业改组组建或新设的国有资本投资、运营公司，领导班子及其成员的管理按照干部管理权限确定。

政府直接授权的国有资本投资、运营公司党组织隶属中央或地方党委管理，领导班子及其成员由中央或地方党委管理。

国有资本投资、运营公司董事长、董事（外部董事除外）、高级经理人员，原则上不得在其他有限责任公司、股份有限公司或者其他经济组织兼职。

（五）运行模式。

1. 组织架构。国有资本投资、运营公司要按照市场化、规范化、专业化的管理导向，建立职责清晰、精简高效、运行专业的管控模式，分别结合职能定位具体负责战略规划、制度建设、资源配置、资本运营、财务监管、风险管控、绩效评价等事项。

2. 履职行权。国有资本投资、运营公司应积极推动所持股企业建立规范、完善的法人治理结构，并通过股东大会表决、委派董事和监事等方式行使股东权利，形成以资本为纽带的投资与被投资关系，协调和引导所持股企业发展，实现有关战略意图。国有资本投资、运营公司委派的董事、监事要依法履职行权，对企业负有忠实义务和勤勉义务，切实维护股东权益，不干预所持股企业日常经营。

3. 选人用人机制。国有资本投资、运营公司要建立派出董事、监事候选人员库，由董事会下设的提名委员会根据拟任职公司情况提出差额适任人选，报董事会审议、任命。同时，要加强对派出董事、监事的业务培训、管理和考核评价。

4. 财务监管。国有资本投资、运营公司应当严格按照国家有关财务制度规定，加强公司财务管理，防范财务风险。督促所持股企业加强财务管理，落实风险管控责任，提高运营效率。

5. 收益管理。国有资本投资、运营公司以出资人身份，按照有关法律法规和公司章程，对所持股企业的利润分配进行审议表决，及时收取分红，并依规上交国有资本收益和使用管理留存收益。

6. 考核机制。国有资本投资公司建立以战略目标和财务效益为主的管控模式，对所持股企业考核侧重于执行公司战略和资本回报状况。国有资本运营公司建立财务管控模式，对所持股企业考核侧重于国有资本流动和保值增值状况。

（六）监督与约束机制。

1. 完善监督体系。整合出资人监管和审计、纪检监察、巡视等监督力量，建立监督工作会商机制，按照事前规范制度、事中加强监控、事后强化问责的原则，加强对国有资本投资、运营公司的统筹监督，提高监督效能。纪检监察机构加强对国有资本投资、运营公司党组织、董事会、经理层的监督，强化对国有资本投资、运营公司领导人员廉洁从业、行使权力等的监督。国有资本投资、运营公司要建立内部常态化监督审计机制和信息公开制度，加强对权力集中、资金密集、资源富集、资产聚集等重点部门和岗位的监管，在不涉及国家秘密和企业商业秘密的前提下，依法依规、及时准确地披露公司治理以及管理架构、国有资本整体运营状况、关联交易、企业负责人薪酬等信息，建设阳光国企，主动接受社会监督。

2. 实施绩效评价。国有资本投资、运营公司要接受政府或国有资产监管机构的综合考核评价。考核评价内容主要包括贯彻国家战略、落实国有资本布局和结构优化目标、执行各项法律法规制度和公司章程，重大问题决策和重要干部任免，国有资本运营效率、保值增值、财务效益等方面。

### 三、实施步骤

国有资本投资、运营公司试点工作应分级组织、分类推进、稳妥开展，并根据试点进展情况及时总结推广有关经验。中央层面，继续推进国有资产监管机构授权的国有资本投资、运营公司深化试点，并结合本实施意见要求不断完善试点工作。同时推进国务院直接授权的国有资本投资、运营公司试点，选择由财政部履行国有资产监管职责的中央企业以及中央党政机关和事业单位经营性国有资产集中统一监管改革范围内的企业稳步开展。地方层面，试点工作由各省级人民政府结合实际情况组织实施。

### 四、配套政策

（一）推进简政放权。围绕落实出资人职责的定位，有序推进对国有资本投资、运营公司的放权。将包括国有产权流转等决策事项的审批权、经营班子业绩考核和薪酬管理权等授予国有资本投资、运营公司，相关管理要求和运行规则通过公司组建方案和公司章程予以明确。

（二）综合改革试点。国有资本投资、运营公司所持股国有控股企业中，符合条件的可优先支持同时开展混合所有制改革、混合所有制企业员工持股、推行职业经理人制度、薪酬分配差异化改革等其他改革试点，充分发挥各项改革工作的综合效应。

（三）完善支持政策。严格落实国有企业重组整合涉及的资产评估增值、土地变更登记和国有资产无偿划转等方面税收优惠政策。简化工商税务登记、变更程序。鼓励国有资本投资、运营公司妥善解决历史遗留问题、处置低效无效资产。制定国有资本投资、运营公司的国有资本经营预算收支管理政策。

## 五、组织实施

加快推进国有资本投资、运营公司改革试点，是深化国有企业改革的重要组成部分，是改革和完善国有资产管理体制的重要举措。国务院国有企业改革领导小组负责国有资本投资、运营公司试点工作的组织协调和督促落实。中央组织部、国家发展改革委、财政部、人力资源社会保障部、国务院国资委等部门按照职责分工制定落实相关配套措施，密切配合、协同推进试点工作。中央层面的国有资本投资、运营公司试点方案，按程序报党中央、国务院批准后实施。

各省级人民政府对本地区国有资本投资、运营公司试点工作负总责，要紧密结合本地区实际情况，制定本地区国有资本投资、运营公司改革试点实施方案，积极稳妥组织开展试点工作。各省级人民政府要将本地区改革试点实施方案报国务院国有企业改革领导小组备案。

国务院

2018 年 7 月 14 日